青春文庫

謎と疑問にズバリ答える!
日本史の新視点

新 晴正

JN061688

青春出版社

はじめに

　答えが一つしかない数学や物理と違って、歴史の場合、誰もが認める「真実」にたどり着くことは至難である。同じものを見ていても、立場によって歴史解釈が真逆になることさえある。

　しかし、いつの時代にも真実を追い求める研究者はいて、そうした人たちの努力で日々歴史の常識が更新され続けているのはご存じのとおりだ。

　そんな日本の歴史上、従来は真実と思われてきたことが最新の研究によって今日ではどう書き換えられているのかを調査したのが本書である。

　三内丸山《さんない》遺跡、漢委奴国王《かんのわのなの》の金印、遣唐使《けんとうし》、文永・弘安の役、千利休《せんのりきゅう》、徳川家康《とくがわいえやす》、お家断絶、赤穂《あこう》浪士、家紋、版籍奉還《はんせきほうかん》など、誰もが知っているキーワードを入り口に、「新視点」で日本史の謎を読み説くことをめざした。

　歴史上の偉人たちの息吹を感じ取りながら日本史の奥深さを味わっていただければ幸いである。

二〇二一年一月吉日

新　晴正

謎と疑問にズバリ答える！　日本史の新視点■目次

第2章　歴史を動かした人間関係を読む新視点──39

第5章　裏のウラ側から歴史を推理する新視点――173

本文イラスト■Adobe Stock
地図作成■中山デザイン事務所
DTP■フジマックオフィス
協力■カミ通信

第1章

日本史常識が変わる新視点

フビライに三度目の日本襲来を断念させたベトナム軍の〝戦闘力〟の秘密

▼ベトナム軍に大敗したフビライ軍

今からおよそ七百五十年前、モンゴル高原出身の遊牧民がユーラシア大陸に東は太平洋、西はカスピ海を越えて地中海に至る巨大な帝国を築き上げた。

このモンゴル帝国の最盛期に現れたのが、チンギス・ハンの孫にして元朝初代皇帝フビライ・ハンである。フビライこそは「世界の四分の一を支配した男」であった。しかし、そんな征服王フビライでも、己の意のままにならない国が周辺諸国の中で二つだけあった。日本とベトナムである。

日本には、一二七四年（文永の役）と一二八一年（弘安の役）の二度侵攻したが、当時の鎌倉武士の勇猛さや時ならぬ暴風雨によって阻《はば》まれ、撤退を余儀なくされている。激怒したフビライは日本への三度目の侵攻を企《くわだ》てるが、なぜかそれは実行に移されることはなかった。その一番の要因としてベトナムの存在があった。

弘安の役の六年後にフビライが行ったベトナム侵攻「第三次元越戦争」によって、元軍はベトナム軍（越軍）に思いもよらぬ大敗を喫してしまい、日本への再々侵攻を実行する意欲も国力もすっかり減退させてしまったのである。

では、征服王フビライに日本への三度目の侵攻を諦めさせるきっかけとなった第三次元越戦争とはいったいどんな戦争だったのだろうか。本稿ではベトナム軍ならではのしたたかな戦いぶりに迫った。

▼南宋を挟み撃ちにする作戦

一二八七年十二月末、フビライの意を受けた元軍は、現在のベトナム北部を支配していた王朝・陳朝大越国（首都は昇龍＝現在のハノイ）に陸と海から攻め込んだ。第三次元越戦争の幕開けである。フビライは過去二度の戦いでいずれも越軍に煮え湯を飲ませられていただけに、総司令官に任命した息子トガン（鎮南王《ちんなんおう》）に九万の大軍と数百の軍船を預けるほどの入れ込みようだった。

モンゴル軍が最初にベトナムに侵攻したのは、第三次元越戦争の約三十年前――まだ「元」を名乗る前のことである。このときのフビライの思惑は征服を意図したものではなかった。当時の中国は臨安（現在の杭州市）を首都とする「南宋」の時代で、弱体化したとはいえ長江《ちょうこう》を防衛ラインとして北からのモンゴルの圧力に対し頑強なる抵抗をみせていた。

南宋を一日も早く滅亡に追い込みたいフビライは、大越国を占領したのち、南宋を前後から挟み撃ちにしようと画策する。こうして大越国に侵攻したモンゴル軍は勢いにまかせていったんは首都昇龍を占拠するのだが、このとき自分たちの都を焼き払ってジャングルに逃げ込むという越軍の捨て身の焦土作戦が功を奏し、食糧不足に陥ったモンゴル軍は一カ月ももたず撤退のやむなきに至る。

▼白藤江を遡上する元の水軍

この第一次侵攻から二十五年後、南宋が滅んで四年後のことである。「元」を建国していよいよ征服意欲をつのらせたフビライは二度目のベトナム侵攻を決断する。

一二八三年――つまり日本への二度目の侵攻（弘安の役）から二年後だった。

　ところが、この元軍による二度目のベトナム侵攻も、元軍は敗北を喫してしまう。今度も越軍による焦土作戦やジャングルをうまく利用したゲリラ戦に手を焼き、開戦から四カ月余りで撤退したのだった。

　このように二度も越軍に敗北していただけに、フビライの怒りは最高潮に達していた。世界の四分の一を手に入れた征服王にはこれ以上ない屈辱だった。それゆえこの三度目の侵攻では息子トガンに大軍を預け、必勝を厳命したのだった。

　勇躍したトガンは、自らは主力軍を率いて陸から首都昇龍を目指して進軍し、信頼するウマル将軍には水軍を託して海から白藤江《はくとうこう》（バクダン川）を遡上して昇龍に突入するよう命じた。この白藤江は今でこそベトナム有数の観光地ハロン湾に注ぐ大河として知られるが、ベトナムの歴史上、中国との幾多の戦いの舞台となった川でもあった。

　翌一二八八年一月末、トガンは破竹の勢いで昇龍を占領した。しかし、今度も越軍は焦土作戦を敢行し、住民はジャングルに逃げ込んでいて都はもぬけの殻だった。四月になり、食糧を満載した船団を伴い、ウマル将軍率いる元水軍が海から白藤江を遡上してきた。この食糧があれば長期戦にも難無く耐えられるはずだった。しかし、そこに大きな誤算が生じてしまう。

▼河口付近で立ち往生する元船団

このときの戦いで越軍を率いていたのは、陳興道《ちんこうどう》（チャン・フン・ダオ）という名の智将で、彼は元水軍を打ち破るために、ある秘策を胸に温めていた。それは元の大船団を白藤江の河口で釘付けにする作戦だった。この作戦を成功させるために陳将軍は事前に兵士らに命じて河口付近などの要所要所に無数の杭《くい》を打ち込ませていたのである。

そうとも知らず、白藤江を遡っていく元水軍。――と、そのうち先頭を行く船が陳将軍の狙いどおり杭に当たって立ち往生となる。陳将軍は陸からそれを見届けると、それまで川の両岸に潜ませていた味方の水軍に一斉出撃を命じた。

「いかん、このままでは袋の鼠。火攻めを食らったらひとたまりもない」

ウマル将軍は全軍に撤退を命じたが、河口まで戻るとまたも船団は動かなくなってしまった。やはり水中に打ち込まれた杭のせいだった。

◉フビライ、南宋に挟み撃ち作戦を計画

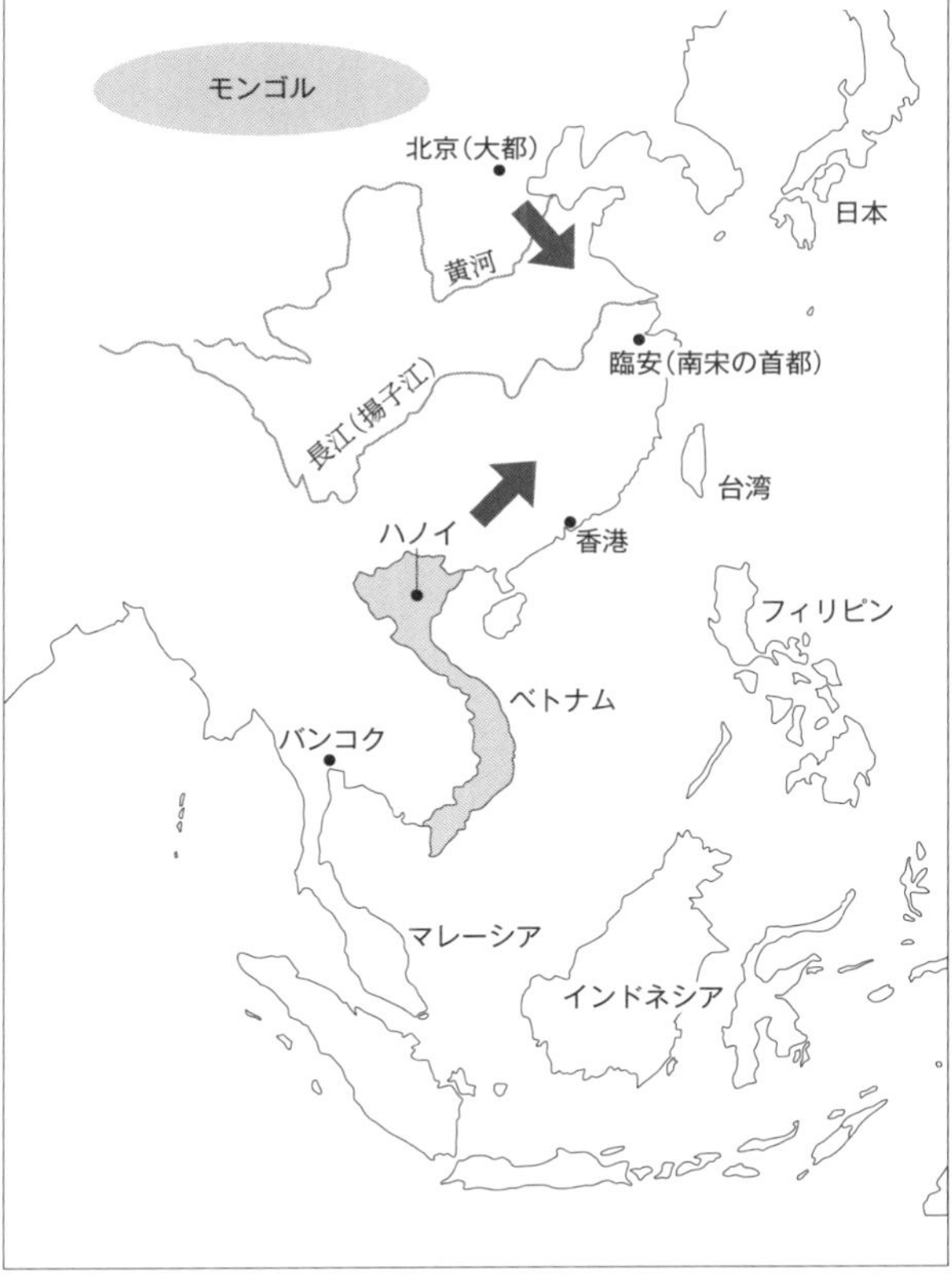

偉大なチンギス・ハンの孫にして元朝初代皇帝フビライは現在の北京に都（大都）を置くと、日本とベトナムに侵攻を開始した。

「どうしたことだ。入ってくるときは難無く通れたのに……」

これは、白藤江の河口は潮の干満の差を受けやすく、その特徴を熟知していた陳将軍が、あえて満潮時に元の船団が白藤江を遡るように仕向け、潮が引き始めたのを見計らって攻撃を開始し、浅くなった河口付近に敵船団を誘導するという作戦を頭に思い描いていたのだが、それが見事に的中したのだ。

河口付近で立ち往生する元の船団に、四方八方から越軍の火のついた小舟や筏《いかだ》が、蝗《いなご》の大軍のように迫ってくるが、元軍にはもはやどうすることもできない。水中の杭に船底をえぐられ、あるいは味方の船同士が押し合いへし合いして破損し、あるいは船に火が燃え移り、阿鼻叫喚《あびきょうかん》と紅蓮《ぐれん》の炎の中で溺死者が続出した。

一説に、このときの戦いで元水軍の百隻が河口付近に沈み、四百隻が拿捕《だほ》されたという。首都昇龍にいて白藤江での味方水軍の大敗を伝え聞いた鎮南王トガンは愕然《がくぜん》とした。これで食糧の補給がかなわなくなったばかりか、勢いに乗じた越側から反撃を食らう懸念も高まってきたため、トガンは急いで全軍をまとめると、無念の臍《ほぞ》を噛みつつ帰国の途についたのであった。

▼七十八で没した英雄フビライ

この三度にわたる元越戦争の勝敗を分けたのは、越側がジャングルや白藤江など越ならではの地の利を生かして戦ったことに尽きるだろう。第三次元越戦争の敗北によって元の財政はひっ迫し、このころから内乱が相次ぐようになったこともあり、フビライは日本への三度目の侵攻計画を放棄せざるを得なくなった。

元越戦争の敗北から六年後、蓋世《がいせい》の英雄フビライは没した。享年七十八。おそらく最期のその日まで日本とベトナムの征服がかなわなかった無念をかみしめていたに違いない。

豊臣秀吉がキリシタンを弾圧した陰に何があったのか

▼キリシタン保護政策を撤回

日本にキリスト教が伝わったのは、戦国乱世まっただ中の天文十八年（一五四九年）に薩摩《さつま》、今の鹿児島・祇園之洲《ぎおんのす》に上陸したイエズス会宣教師フランシスコ・ザビエルによってであった。

このザビエルからバトンを受け継ぐように永禄六年（一五六三年）、ポルトガル人宣教師ルイス・フロイスが来日すると、ときの権力者の織田信長《おだのぶなが》から布教活動を許されたこともあって、京都や西九州中心にキリシタンが急増した。信長が本能寺で斃《たお》れた天正十年（一五八二年）ごろには全国で約十五万人の信者がいたと言われている。この数字は当時の京都の全人口のほぼ半数に匹敵するものだった。

その後、信長の後継者となった豊臣秀吉《とよとみひでよし》は最初こそ信長のキリシタン保護政策を踏襲《とうしゅう》したが、天正十五年になり、突然手のひらを返すかのように「伴天連《ばてれん》追放令」を発する。伴天連とはポルトガル語で宣教師を意味するパードレが訛《なま》ったものだという。

秀吉にはこのとき、布教や商用のために日本にやってくる西欧人に対し、どうしても許せないことがあったのだという。それは一体何だったのだろうか。

▼九州平定後に追放令を発布

秀吉は権力の座についた当初こそ、信長の政策を継承し、キリスト教の布教を容認していた。布教の裏にある西欧諸国との交易——いわゆる南蛮《なんばん》貿易にうまみを感じていたからである。

この交易では鉄砲や火薬、中国製の生糸などが輸入され、日本からは主に銀、金、刀剣類などが輸出された。

そんな信長以来のキリシタンの保護政策に対し、秀吉に見直すきっかけを与えたのが、天正十四年（一五八六年）七月に秀吉自身が始めた「九州平定」だと言われている。

九州平定といっても実質的には九州統一を目論んだ薩摩の島津《しまづ》氏と秀吉との争いだった。この合戦では島津軍は九州各地でよく善戦したが、いかんせん二十万ともいわれる秀吉軍の前に次第に薩摩一国に追い詰められ、翌十五年四月二十一日、ついに島津家当主義久《よしひさ》は秀吉に和睦を申し入れている。

その後、秀吉は薩摩にしばらく滞在して戦後処理をすませると、帰国の途につき、途中、博多に立ち寄った。史上有名な「伴天連追放令」はこの地で発令されたものだ。それは六月十九日のことで、この日秀吉は、九州遠征に勝手に秀吉軍に同行していたポルトガル人でイエズス会の日本における布教の最高責任者であったガスパール・コエリョを引見すると、次のような四カ条からなる詰問を行っている。

▼西欧人たちが腹に秘めた日本侵略の意図

一つ、なぜかくも熱心に日本の人々をキリシタンにしようとするのか。一つ、なぜ神社仏閣を破壊し、坊主を迫害し、彼らと融和しようとしないのか。一つ、牛馬は人間にとって有益な動物であるにもかかわらず、なぜこれを食べようとするのか。一つ、なぜポルトガル人は多数の日本人を買い、奴隷《どれい》として国外へ連れて行くようなことをするのか――という四カ条で、同時に秀吉はコエリョに対し追放令を突き付けている。

この追放令が出されたことで九州各地や京・大坂にあったイエズス会の教会や病院、学校などが次々に破壊された。しかし秀吉が、交易やキリスト教の信仰自体を禁止したわけではなかったため、ほとんどの宣教師たちは九州などにとどまり、非公認ながら布教活動を細々と続けたことがわかっている。

さて、秀吉がなぜこの追放令を出したかだが、その理由の一つに、西欧人たちが胸に秘めた日本侵略の意図を読み取ったからだと言われている。宣教師コエリョが秀吉を博多で出迎えた際、自分が建造させた最新鋭の軍艦に秀吉を乗船させて、自分ならいつでも世界に冠たるスペイン艦隊を動かせると自慢半分、恫喝《どうかつ》半分に語ったという。このとき秀吉は彼らの植民地化計画を瞬時に看破したのであった。

もう一つ許せないのが、日本の大事な国土が西欧人たちによって蚕食《さんしょく》され始めていることだった。

▼秀吉がバテレンを追放した真の理由とは

たとえば、キリシタン大名の大村純忠《おおむらすみただ》は自分の領地だった長崎と茂木《もぎ》を、同じくキリシタン大名の有馬晴信《ありまはるのぶ》は浦上の地をすでにイエズス会に寄進していたのだ。日本国の支配者たる秀吉にとって、いかに信仰のためとはいえ、外国人に日本の領土の一部を勝手に譲渡するなど言語道断の出来事だった。西欧人たちがそれを足掛かりとして領地を広げていくことは火を見るよりも明らかだったからだ。

最初に宣教師を送り、続いて商人、最後に軍隊を送って国を乗っ取ってしまうという西欧列強お得意の植民地化計画が今まさに実行されようとしていたのだ。秀吉はそれを防ぐためには、キリシタン大名や宣教師たちの勝手な振る舞いに一日でも早く歯止めをかける必要があると考えたのである。

さらに、秀吉がこの伴天連追放令を出した理由として、実はこれが最も大きかったのではないかと研究者たちの間でささやかれている理由がもう一つある。それこそが、先の四カ条の詰問にもあった、日本人の奴隷問題だった。日本人の貧しい少年少女が大勢、タダ同然の安さで西欧人に奴隷として売られていることを秀吉はこのたびの九州遠征で初めて知ったのだった。
九州遠征に同行した秀吉の御伽衆《おとぎしゅう》の一人、大村由己《おおむらゆうこ》は著書『九州御動座記《ごどうざき》』の中で日本人奴隷が長崎港で連行される様子を大要、次のように記録している。

▼売る人がいるから仕様が無い

「日本人が数百人、男女問わず南蛮船に買い取られ、獣《けもの》のごとく手足に鎖《くさり》を付けられたまま船底に追いやられた。地獄の呵責《かしゃく》よりひどい。——中略——その上、牛馬を買い取り、生きながら皮を剝《は》ぎ、坊主（宣教師を指す）も弟子も手を使って食し、親子兄弟も無礼の儀、畜生道の様子が眼下に広がっている……」

同胞の若者たちが鎖につながれて次々と南蛮船に押し込まれていく光景は大村由己にとってはこれ以上ないカルチャーショックだったに違いない。何とも酷《むご》たらしい場面だが、当時の海外に出た西欧の商人にとって有色人種の奴隷交易はなんら恥じることのない商取引だった。これはそもそも、一四五二年にローマ教皇がポルトガル人に対し異教徒を奴隷にしてもよい、という許可を与えたことが根底にあるという。

なお、牛馬の肉を手づかみで食べるというのは、西欧ではこの当時、食事にフォークやスプーンを使う習慣がまだ定着していなかったからだ。ルイス・フロイスも日本人が器用に箸を使って食事する様子を驚きをもって本国に伝えている。

大村由己は自分が目撃したことを秀吉に報告したところ、秀吉は激怒し、さっそく宣教師コエリョを呼びつけ、なぜそんなひどいことをするのかと詰問した。するとコエリョは、「売る人がいるから仕様が無い」そうケロッとして言い放ったという。この言葉からも、こうした日本人奴隷の交易にキリシタン大名たちが直接的にしろ間接的にしろ何らかの形でかかわっていたことは間違いないだろう。

▼西欧列強の侵略を食い止める

海外に連行されていった日本人奴隷は、ポルトガル商人が主導したケースがほとんどで、その被害者はざっと五万人にのぼるという。彼ら日本人奴隷たちは、マカオなどに駐在していた白人の富裕層の下で使役されたほか、遠くインドやアフリカ、欧州、ときには南米アルゼンチンやペルーにまで売られた例もあったという。

この五万人という数字に関してだが、天正十年にローマに派遣された有名な少年使節団の一行が、世界各地の行く先々で日本の若い女性が奴隷として使役されているのを目撃しており、実際にはこの何倍もいたのではないかと言われている。

こうした実情を憂慮した秀吉はコエリョに対し、日本人奴隷の売買を即刻停止するよう命じた。そして、こうも付け加えた。「すでに売られてしまった日本人を連れ戻すこと。それが無理なら助けられる者たちだけでも買い戻す」といった主旨のことを伝えている。その一方で、日本国内に向けてもただちに奴隷として人を売買することを禁じる法令を発している。

こうして秀吉の強硬な態度がポルトガルに対し示されたことで、日本人奴隷の交易はやがて終息に向かうのであった。もしも秀吉が天下を統一するために九州を訪れていなかったら、こうした当時のキリスト教徒が持つ独善性や宣教師たちの野望に気づかず、日本の国土は西欧列強によって侵略が進んでいたことだろう。秀吉はその危機を瀬戸際のところで食い止めたわけである。

▼秀吉政権を読み解く新視点

慶長元年十二月十九日（一五九七年二月五日）、スペイン船サン・フェリペ号の漂着をきっかけとして、スペイン人の宣教師・修道士六人を含む二十六人が長崎で処刑された。これはポルトガルよりも露骨に日本の植民地化を推し進めてくるスペインに対する秀吉一流の見せしめであった。

ともすれば現代のわれわれは秀吉に対しキリシタンを弾圧した非道な君主というイメージを抱きがちだが、実際はこのときの集団処刑が、秀吉が行った唯一のキリシタンへの直接的迫害であった。それもこのときはスペイン系のフランシスコ会に対する迫害で、ポルトガル系のイエズス会に対しては特に迫害というものを加えたことはなかった。

ここまで見てくると、当時の秀吉は日本の為政者として領土や国民の安全を守るために最善の選択をしたように思えてくるのだが……。

大坂の陣の後、海外で活動した日本のサムライ傭兵の謎

▼オランダ渡りの大砲が大坂の陣に幕を引く

慶長二十年（一六一五年）、大坂の陣（夏の陣）によって豊臣方が滅び、徳川の天下が訪れる。戦前の家康《いえやす》にとって、豊臣方の籠城《ろうじょう》を一日も早く終わらせることが最大の課題であった。一日でも籠城が長引けばそれだけ総大将としての自分が鼎《かなえ》の軽重《けいちょう》を問われることになり、いったんは徳川方についた豊臣恩顧《おんこ》の武将たちも豊臣方に寝返る恐れが十分に考えられたからである。まさに、兵は神速を貴《たっと》ぶ、であった。

そこで家康が、大坂城を一気に陥落させる切り札として用意したのが、この日の

ためにオランダやイギリスから輸入した最新鋭の大砲であった。当時のオランダは世界でも一番の武器輸出国だった。このときの西洋式の大砲が城の天守に向かって立て続けに火を吹くと、豊臣方はもうお手上げだった。大阪の陣が早期に終結したのは、この西洋式大砲の威力に負うところが大であったことは疑いのない事実である。

ところで、この大坂の陣の終結によって長かった戦乱の世もようやく幕を閉じ、大きな内戦は寛永年間の島原の乱（一六三七〜三八年）まで起こらなくなるわけだが、大坂の陣以降、戦場という働き場を失った武士たちはその後どうなったのだろうか。勝ち組に入っていたのであればそれなりの生活は保障されたであろうが、負け組に入っていたのでは、禄《ろく》を離れて浪人になるしかなかった。

近年、そうした浪人の一部が、海外に傭兵《ようへい》に出ていたことが明らかになっている。彼らは一体、誰に雇われ、どこで活動していたのだろうか。

▼列強の狙いは日本の銀

一六世紀の日本が戦乱に明け暮れていた時代、ポルトガルやスペインなどの西欧列強はキリスト教の布教と植民地の獲得のため競って海外に進出し、インドや中国、そして日本を含む東アジア諸国にもどんどん触手を伸ばし始めていた。

西欧列強にとって、日本はどうしても貿易したい相手国だった。なぜなら当時の日本は世界有数の銀産出国で、その銀を通貨の材料として欲しがる中国に運べば莫大な利益が転がり込んだからである。

どの国が日本との貿易交渉を成功させるのか、列強同士で徳川家康を相手に虚々実々の駆け引きが続くなか、とりわけスペインとオランダの間でし烈な競争があり、最終的に勝ち残ったのがオランダであった。当時は世界に冠たる無敵艦隊を擁するスペインの力が圧倒的に強大だったが、スペインの思惑は貿易よりもキリスト教を日本に広めることで日本を植民地化する狙いであることを家康はたちどころに看破し、純粋に商取引目的で近づいてきたオランダのほうを選んだといわれている。

こうしてオランダとの通商が開始されたことで、豊臣方との最終決戦を控えていた家康にとって喉から手が出るほど欲しかった最新鋭の大砲を入手できたのである。このとき家康は大砲の代金として銀貨一万二千枚をオランダ側に支払っている。さらにその後の取引でも年間九十四トンもの銀がオランダに渡ったという。

▼白兵戦はお手のもの

日本との通商に成功したオランダは、次に東南アジアで覇権を強めつつあったスペインの植民地を奪い取る動きに出た。そのために目をつけたのが、戦《いくさ》がなくなって働き場を失った日本のサムライだった。オランダ人らはサムライたちの命を惜しまない剽悍《ひょうかん》な戦いぶりを見聞きし、畏怖の念を抱いていたのである。

オランダ人たちは家康から傭兵派遣の許可を得ると、ただちにサムライを東南アジアへと送り込んだ。こうしてサムライの力を借りたオランダは、フィリピンやインドネシアなどにあるスペイン人が築いた要塞《ようさい》を次々に攻略していった。

接近戦ではまさにサムライは無敵だった。香辛料の宝庫といわれたモルッカ諸島（マルク諸島）にあるスペインの要塞を攻め落としたときなどは、まずオランダの軍艦が夜の闇に紛れて近づき、頃合いを見て絶え間なく艦砲射撃《かんぽうしゃげき》を加えた。そして、いざ夜が明けると同時に要塞の背後からしのびよったサムライたちが、吶喊《とっかん》の声をあげながら刀や槍でスペイン兵に白兵戦を挑み、さんざんに蹴散らしたという。

戦国乱世の中で、命がけの修羅場を何度も潜《くぐ》り抜けてきたサムライたちには白兵戦はお手のものだった。こうした命知らずのサムライの活躍もあり、オランダは東南アジア各地に拠点を設けていたスペインをはじめ、ポルトガルやイギリスなどの西欧列強勢力を次々と追い払うことに成功し、一七世紀後半にイギリスが勢いを盛り返すまで一時的にせよ東南アジアの海上貿易の覇権を握ったのであった。

◇

江戸の初期、東南アジアで暴れたサムライといえば、シャム（タイ国）に渡った山田長政《ながまさ》が有名だが、以上で述べたように実際にはまだまだ大勢いたのだ。江戸幕府が一七世紀中盤に鎖国政策を強化する方針を打ち出さなければ、きっとその先も日本人傭兵たちは東南アジアのあちらこちらで暴れ回っていたに違いない。

日本の近代化を成功に導いた「版籍奉還」の真実

▼わずか四半世紀の間に近代化を成し遂げる

日本の明治維新は嘉永《かえい》六年（一八五三年）のペリー来航によって幕をあけた。その後、開国から大政奉還《たいせいほうかん》へと一気に進み、さらに版籍《はんせき》奉還、廃藩《はいはん》置県、地租《ちそ》改正、国会の開設、大日本帝国憲法発布……と、大政奉還からわずか四半世紀ほどの間に近代化の指標となるしくみづくりを成し遂げている。

およそ三百年続いた封建制から近代国家へとこれほど鮮やかに舵《かじ》をきることに成功した事例は西洋でも皆無である。イギリスやフランスでも二百〜三百年かかったことを、わが日本では四半世紀というごく短期間で成し遂げたのである。これぞまさに、世界史上の奇跡であった。

これほど短期間に近代国家へとスムーズに移行できたのには様々な要因があげられるだろうが、本稿では「版籍奉還」に注目してみたい。版籍奉還とは文字どおり、各藩が治めている領土や領民を、天皇に返還させる政策のことである。

ちょっと考えると、藩主たちはあしたから「殿様」の身分も財産も失うため猛反発が起きても不思議はなさそうだが、実際にはそうしたことはなく、明治新政府が思い描いたとおり粛々と実行された。これは一体なぜだろうか。明治新政府、藩主たちそれぞれの思惑に迫った。

▼廃藩置県を断行する前段階として

江戸時代というのは、各藩の大名たちには独立した権力が与えられており、その藩を幕府が上から厳しく監視するという、地方分権と中央集権をミックスしたまことに効果的な統治が行われていた。

ところが、近代化を推し進めるうえではどうしても地方分権が邪魔になる。それぞれの大名の手から租税徴収権や軍事権を奪い取り、それを政府が一元管理しなければ、この先、諸外国との対等の付き合いや経済発展も到底見込めないと、大久保利通《としみち》や木戸孝允《たかよし》（桂小五郎）ら新政府の官僚たちは判断したのである。

一日も早く中央集権を盤石なものにしたい大久保らは、本当なら全国の藩をすべて廃止する「廃藩置県」をまっ先に断行したい考えだったが、それでは薬が強すぎて政府に反抗する藩が出てこないとも限らない。そこで、廃藩置県を断行するための前段階としてひねり出した妙案が、版籍奉還であった。

前述のとおり各藩が治めている領土や領民を、天皇に返還させる政策のことで、その引き換えとして、各藩主に「知藩事《ちはんじ》」の名称を与えて従前どおり国を治めさせるというものであった。

この版籍奉還に関する新政府の通達は明治二年六月十七日に全藩主に出されている。また、このときの版籍奉還にあわせて華族制度が創設され、旧藩主の諸侯二百八十五家は公卿《くぎょう》百四十二家と同時に華族に列せられている。

▼大久保らが用意した〝ニンジン〟

この版籍奉還に最初に応じたのが大久保の薩摩藩と木戸の長州藩、さらに土佐藩、肥前藩の四藩だった。倒幕に尽力した雄藩がまっ先に応じたことで、諸藩も続いた。各藩主は自分たちの権限が弱まることは否定できないものの、藩の存続を許され藩主自身も有力者としての身分が約束されるうえ、そしてなによりも藩が抱える莫大な借金を政府が肩代わりしてくれるというので、断る理由はなかったのである。

この借金の肩代わりという、大久保らが用意した「ニンジン」は特に効いたようである。当時の各藩は大藩であろうが小藩であろうが例外なく借金を抱えており（その多くは大商人から借りたものだった）、家臣への俸禄や参勤交代の際の出費などに頭を悩ませていた。その借金苦から解放されるとなれば、大名の矜持《きょうじ》などにこだわっていられないというのが本音だったのだろう。

版籍奉還の断行から二年後の明治四年七月、新政府は完全なる中央集権化を狙って各知藩事に廃藩置県を伝達する。すべての藩を廃して三府三百二県とし、知藩事も免職。新たに政府が任命した府に知事、県に県令（または権令《ごんれい》）がそれぞれの府県を治めることになった。

これにより大久保らが当初目論んだ、政府の命令が全国津々浦々に行き渡る中央集権体制が確立したのであった。

▼退職金を旧家臣の救済に充てる

当初は知藩事――旧藩主たちの反発も予想されたが、実際にはそうしたトラブルは起きていない。それは、華族という身分を約束する受け皿があったことに加え、旧大名たちは元からの財産をそれなりに保証され、さらに明治九年に金禄公債《きんろくこうさい》を与えれたことも大きかった。

金禄公債は、江戸幕府の家禄制度を廃止する代償としてすべての華族・士族に交付された公債で、いわば退職金替わりであった。その金額は小藩の旧藩主でも現代の数億円に相当したという。

当時の旧大名家が立派なのはそうしたお金をため込んだり自分たちの享楽のために使うのではなく、旧家臣の救済や教育活動、産業振興、開拓事業などに投資を惜しまなかったことである。明治という時代は、こうした旧大名家の「無私の奉仕」によって近代化が加速したことをわれわれは知っておくべきであろう。

第2章

歴史を動かした人間関係を読む新視点

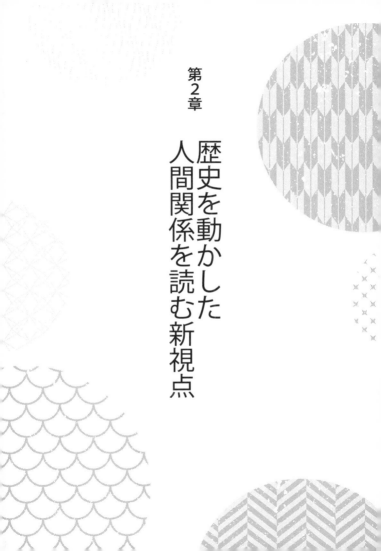

不可思議な遺構が物語る縄文という時代の実像

▼縄文時代はいつから始まったのか

縄文人と聞いて、どんなイメージを持つだろうか。なかには、移動生活に適した粗末な竪穴《たてあな》式（半地下式）住居に住み、弊衣蓬髪《へいいほうはつ》のみすぼらしい姿で弓や槍をかついで鳥獣を追い回し、ときには魚や木の実を採ってその日その日をどうにか暮らしている原始人——といったイメージを持つ人も少なくないだろう。ところが近年、そうしたイメージを覆す驚くべき新発見が発掘調査によって次々にみつかっているのだ。

新発見の第一は、これまで「縄文時代」と呼ばれてきた年代が、どんどん広がっ

ているこ とだ。従来、縄文時代の始まりは今から約一万二千年前とされていたが、平成十年（一九九八年）、青森県東津軽《つがる》郡にある大平山元《おおだいやまもと》遺跡から土器片がみつかり、放射性炭素年代測定法によってそれが一万六千五百年前のものと判定された。これは世界で最も古い土器となるばかりか、一万二千年前より遡《さかのぼ》ること四千五百年も前にすでに土器をつくる文化が日本に存在していたことを証明してみせたのである。

▼三内丸山遺跡に「定住」の証が

食べ物の面でも、豆やエゴマ、ゴボウなどがこの縄文時代に栽培されていたことがわかっている。大陸から伝わった稲作についても、従来は弥生時代から始まったとされていたものが、九州地方などの縄文遺跡の発掘によって今では紀元前三世紀ごろの縄文晩期にはすでに始まっていたとする見方が有力視されている。

さらに驚くのは、集団で行ったと思われる土木工事や建築工事の痕跡が、全国のあちらこちらの縄文遺跡から発見されていることだ。これらの工事は、狩猟採集のために移動生活を送っていたと思われていた縄文人たちの中に、一定の地に長期間居住していた人たちが少なからずいたことの証《あかし》でもある。そうした土木・建築工事とは一体どんなものだったのだろうか――。

まず、青森市にある三内丸山《さんないまるやま》遺跡。八甲田山北麓に広がる日本最大級（約四十二ヘクタール＝東京ドーム約九個分）の縄文集落跡である。縄文前期～中期にかけての集落とみられ、竪穴式住居、掘立柱《ほりたてばしら》建物、盛土（土木工事で出たもの）、食べ物用の貯蔵穴、道路、ごみ捨て場、墓地などが整然と配置されていた。これらのことから判断して、この三内丸山遺跡は日本最古の大規模土木工事が行われた場所と考えられるという。

また出土品から、およそ紀元前五千五百年～四千年までの約千五百年間、ここで平均して常に五百人余りの縄文人が定住していたことがわかるという。

▼三十五センチは「縄文尺」？
施設の中で特筆したいのが、大型の掘立柱建物の遺構《いこう》である。柱には直径一メートルもの大木が使われていたが、こうした大木を山から切り出して運搬し、穴に立てるには大勢の人手が必要だったはずだ。また柱穴の間隔はいずれも、二・八メートルか四・二メートルで、三十五センチの倍数であることがわかっている。ほかの

縄文遺跡でも同様の数字が出てくることから、この三十五センチという単位は当時の人々には長さの共通規格だったと思われる。

栃木県小山市の寺野東《てらのひがし》遺跡にもユニークな土木工事の跡が見られる。直径約百六十五メートルのドーナツ形をした遺構で（現在は半円形だが元は円形と考えられている）、中央部の地面を削って出た土を周囲に盛り上げ、その上に住居を建てていた。中央の径百メートルほどの円形部分からは建物の跡が確認できず、祭祀《さいし》のための広場として利用されたものではないかという。この「環状《かんじょう》盛土遺構」は縄文後期に約七百年もかけてつくられたと推定されている。

さらに寺野東遺跡には「水場遺構」と「木組み遺構」という珍しい遺構もある。西側を流れる川の水を引き込むためにつくられたもので、川の底に板状の木を正方形に組み合わせた構造物が全部で十四基みつかっている。栃《とち》の実などのアク抜きや調理場として利用されたものらしい。

▼大量の土砂はどこへ消えたのか

埼玉県蓮田《はすだ》市にある、縄文前期に形成された黒浜《くろはま》貝塚もまた、「縄文の土木工事」

が行われた遺跡である。貝塚の中央に広がる窪地――広場は東西約五十メートル、南北約四十メートルあり、この窪地を囲むように住居があった。窪地は最大で八十センチも削り取られていることがわかり、現在の土木工事に換算すると二トントラック約八百台分（ざっと千六百トン）もの土砂が運び出されたことになるという。

この窪地もおそらく祭祀場として利用されたものであろうが、不思議なのは、このとき運び出された土砂の行方だ。先に紹介した小山市の寺野東遺跡のように、縄文時代も後期になると土砂は周囲に盛られるのだが、この黒浜貝塚にはそうした形跡が見られないという。大量の土砂は一体どこへ消えたのだろうか……。

――さて、いくつかの縄文遺跡の大規模な土木工事の例を見てきたが、このような工事が行われていたということは、前段でも述べたように、大勢が長期にわたって一定の場所に居住し、力を合わせて共通の目標を達成するという成熟したムラ社会が築かれていた何よりの証だ。縄文人たちは弊衣蓬髪のみすぼらしい姿で野山を駆け回るだけの原始人ではなかったのである。

戦国乱世の中で、庶民は本当に虐げられるだけの存在だったのか

▼庶民の目に映った合戦

日本の歴史を語るうえで、避けて通れない一時代がある。京都の市街地を焼け野原にした「応仁《おうにん》の乱」で幕が開かれ、徳川家康《とくがわいえやす》の手によってその幕が引かれるまで、一六世紀を中心におよそ百五十年間続いた戦国時代がそれである。この時代、畿内や関東など全国各地で大小さまざまな合戦が繰り返されたことはご存じのとおり。

戦《いくさ》が起きると、泣きを見るのはいつもか弱い庶民だ。実際、武士たちが勝手に起こした戦の巻き添えによって家を焼かれ田畑を荒らされ、ときには暴力によってわが身や家族に危険が及ぶことさえあった。なにしろ相手は戦に明け暮れる軍隊だ。

庶民がいくら束になっても敵《かな》う相手ではなかった。

しかしである。合戦の模様を記録した史料をたんねんに拾っていくと、少し違うイメージの庶民の姿がそこにあった。戦となれば命からがら逃げ惑うだけと思われていた庶民の中に意外な行動をとる人たちがいたのだ。

それは、合戦を現代のスポーツイベントのようにとらえ、弁当持参で戦場まで見物に出かけるやじ馬たちのことだ。はたしてこの時代、そんなもの好きな人たちが本当にいたのだろうか。

▼関ヶ原の前哨戦でそれは起こった

慶長《けいちょう》五年（一六〇〇年）九月十五日に起こった「関ヶ原の戦い」といえば、徳川方の東軍と豊臣方の西軍が覇権《はけん》をかけて美濃《みの》・関ヶ原で激突した、天下分け目の合戦だ。この戦いでも、合戦を見物するために周辺諸国から大勢のやじ馬が集まっていたのをご存じだろうか。

関ヶ原の戦いの前哨戦《ぜんしょうせん》の一つとされる「大津城の戦い」でそれは起こった。大津城は琵琶湖南端にほど近い現在の滋賀県大津市にあった城で、琵琶湖の水運上、重要拠点であった大津港を守るために豊臣秀吉《とよとみひでよし》が築かせたものだった。この関ヶ原の戦いでは、城主京極高次《きょうごくたかつぐ》は家康の東軍方に与《くみ》していた。大津は東国の者にとっては都への玄関口ともいうべき交通の要衝《ようしょう》であったところから、西軍の毛利元康《もうりもとやす》や立花宗茂《たちばなむねしげ》らは総勢一万五千もの大軍を率いてこの大津城を包囲した。

西軍側の攻撃は九月七日に始まった。ところが籠城《ろうじょう》軍は意気軒昂《けんこう》で、ときには城から打って出て西軍の前線を蹴散らしたりしている。三日四日とたち、業を煮やした寄せ手の大将・毛利元康は、城に向かって大砲を撃ち込むよう命じた。このとき西軍は、大津城の西方にあたる長等山《ながらやま》（標高約三百五十メートル）の中腹から砲撃を行ったという。

大津城が低い位置に築かれていたため、砲弾は面白いように命中した。それが十三日のことである。その二日後、つまり関ヶ原での決戦の日の十五日になり、京極高次はついに降伏を表明し、城を明け渡している。

▼頭上を飛び越える砲弾

この長等山からの砲撃が始まったとき、その「砲撃ショー」を特等席で歓声をあげながら見物していた人たちがいた。見物していた場所は三井寺《みいでら》の観音堂周辺で、京都から弁当や水筒をさげてやってきた男たち（町衆や公家たちが主）であった。

三井寺から大津城までは直線距離で一キロメートル程度の近距離である。この三井寺の背後に長等山が控えているため、長等山―三井寺―大津城がほぼ一直線上に並んでいた。ということは、やじ馬たちの頭上を砲弾が飛び越えていたことになる。おそらくやじ馬たちは、砲弾が大津城に命中するたびに歓声をあげ、手を叩いたり足を踏み鳴らしたりして喜んだに違いない。

このことは家康の侍医《じい》であった板坂卜斎《いたさかぼくさい》が『慶長年中卜斎記』に書き残しているためおそらく事実であろう。当時、大津城内には秀吉の側室・淀殿《よどどの》の妹の常高院《じょうこういん》（京極高次の正室）と、同じ秀吉の側室の一人でもあった高次の妹・松の丸殿もいたと言われており、そうした止事無《やんごとな》い貴婦人たちの顔を拝めるかもしれない、という好き心も手伝って男どもを見物に向かわせたことは間違いないだろう。

同じ関ヶ原関連では、こちらも関ヶ原の前哨戦となった「杭瀬川《くいせがわ》の戦い」の模様を描いた屏風《びょうぶ》（埼玉県行田市所蔵、制作は幕末ごろか）にも、僧侶と武士とおぼしき二人がのんびりと合戦を見物している様子が描かれていることはよく知られている。

▼政宗に南奥州の覇権をもたらしたのは…？

羽柴《はしば》（豊臣）秀吉と柴田勝家《しばたかついえ》が争った「賤ケ岳《しずがたけ》の戦い」においても、近隣住民の見物が確認されている。戦いに勝利した秀吉はこのとき、大勢のやじ馬たちから持っているだけの笠《かさ》を買い集めさせていた。敵味方を問わず負傷してぐったりしている兵士たちが、初夏の強い日差しに照り付けられているのを憐《あわ》れんで、日除けに使わせたのであった。見物していた一同は「さすがに大将ともなると、細かい所まで気が回るものじゃ」そう言って感心しあったという。

やじ馬が合戦の趨勢《すうせい》を左右した例もある。出羽米沢の伊達政宗《だてまさむね》と会津の蘆名義広《あしなよしひろ》とが南奥州の覇権をかけて戦った「摺上原《すりあげはら》の戦い」でこんなことが起きていた。

天正十七年（一五八九年）六月五日早朝、戦端は開かれた。当初、西からの追い風を受けて蘆名軍が戦いを優位に進めていたが、午後になって風向きが逆の東風に変わってしまう。これを好機と見た政宗の軍師・片倉景綱《かたくらかげつな》（小十郎）が味方に対し、戦場近くの丘陵でのんびり戦を見物していた農民や町民に向かって発砲するよう命じた。

あわてたやじ馬たちは一斉に西へ向かって逃げ始める。蘆名軍はこれを味方の前線部隊が敗走してきたのだと勘違いして、たちまち総崩れとなった。蘆名義広が会津黒川城（のちの会津若松城）に戻ったときはわずかな供回りしかいなかったという。こうして戦国大名としての蘆名氏は滅び、政宗が南奥州の支配者となった。心ならずもその手助けをしたのが、実はやじ馬だった、というのがちょっと面白い。

▼福沢諭吉もやじ馬の一人？

このように合戦には見物がつきものだったようである。もちろん実際のところは、自分の田畑が荒らされないかと心配して見に行っただけとか、勝敗がついた後で敗者側から身に付けている物をかすめ取ろうとする輩《やから》や、落ち武者を襲って賞金首にありつこうと考える輩のほうが多かったことは確か。しかし、少数かもしれないが、たんに合戦見物を娯楽として楽しむやじ馬がいたことは間違いないだろう。

これは時代がぐんと下るが、彰義隊《しょうぎたい》ら旧幕府軍と官軍（新政府軍）が戦った「上野戦争」（一八六八年七月四日）においても、官軍が上野の山に向かって大砲をドドン、ドドンと撃ち込む様子を見物していた江戸っ子が大勢いた。

福沢諭吉《ふくざわゆきち》が主宰する塾の生徒らもそんな物見高い人たちで、諭吉はその著書『福《ふく》翁《おう》自伝』の中で、経済の授業中だったところに、ときならぬ大砲の音が聞こえてきたため、「生徒たちが面白がり、梯子《はしご》を使って屋根に上って見物していた」と記録している。当時、福沢の塾は芝新銭座《しばしんせんざ》（現在の港区浜松町）にあったところから、こちらまで戦火が及ぶことはないだろうと安心しきっての行動だったに違いない。

このように人は、わが身にさえ火の粉が降りかからなければ、けっこう物見高くも冷酷にもなれる生きものなのだ。

大名たちにとって、江戸城への「登城」が持つ〝意味〟とは？

▼江戸にいれば絶えず幕府の監視の目が

江戸時代、将軍直参《じきさん》の家来で禄高一万石以上の者を「大名」と呼んだ。その数は江戸の初期には二百二十家余り、その後少しずつ増えて幕末には二百八十家を超えていた。したがって、ひと口に三百諸侯と称する。

これら大名は一部の例外を除き、妻子を人質として江戸に住まわせ、自身は領国と江戸とを一年おきに往復する参勤交代という制度を厳守しなければならなかった。領国にいれば幕府の目も届かず、のびのびと過ごせたであろうが、江戸での生活は妻子がいるとはいえ、絶えず幕府の監視の目が光っており、その気の使いようはひと通りではなかった。

特に、在府の場合、年始や節句などの挨拶のために江戸城に定期的に登城して将軍家のご機嫌を伺ったり、城内で執《と》り行われる様々な儀式に参列したりしなければならず、なにかと気苦労が多かった。

本稿では、そんな在府大名たちに課せられた定例登城の様子にスポットを当てた。登城した大名たちは一体、お城の御殿でどんな風に過ごしていたのだろうか。

▼江戸城周辺はラッシュアワー状態

在府時の大名にとって唯一の公式の勤めと言ってもよいのが、江戸城への登城だ。一万石の小大名であろうが百万石の加賀様であろうが、あるいは尾州・紀州・水戸の御三家であろうが、「総登城」の日となれば在府の大名は一人残らず登城しなければならない決まりだった。

たとえば、年始をはじめ五節句（人日《じんじつ》、上巳《じょうし》、端午《たんご》、七夕《しちせき》、重陽《ちょうよう》）と八朔《はっさく》（八月一日）などの礼式日がその総登城にあたり、ほかに定例登城として月のうち朔日《ついたち》、十五日、二十八日の三回が決められていた。この定例登城に限っては総登城ではなく、御三家など一部の有力大名は免除されていた。礼式日のうち八朔とは、徳川《とくがわ》家康《いえやす》が初めて江戸に入府した日で、特にめでたい日とされていた。

さらに、将軍家に若君が誕生した場合などにも登城して祝賀を申し述べる決まりだった。生涯に五十三人もの子を成した十一代家斉《いえなり》が将軍のときは、「またか…」と、大名たちもさぞや迷惑に思ったことだろう。

こうした登城日になると、在府の大名たちは江戸藩邸を出て一斉に江戸城に向かうのだが、当日の江戸城周辺はまさに通勤ラッシュアワーが現出した。三百諸侯のうち江戸在府は半分といっても、それぞれが数十人、大身になれば百人以上もの家来を随《したが》えて同じ時間帯に登城するのだから、混雑しないわけがなかった。

▼時間が過ぎるのを待つだけの一日

大名たちは大手門までやってくると、そこには「下馬」と書かれた立て札があり、文字通り、ここで馬や駕籠《かご》から下りて入城した。大半の家来は殿様のお帰りをここで待つしきたりだった。

その後、数人の供侍や草履《ぞうり》取りを随えた殿様は、いくつかの門を通り抜け、本丸御殿の前に立つと、大刀を供侍に、草履を草履取りに預け、御殿に入った。御殿内では殿様といえども一人で行動した。

御殿に入った殿様は、将軍との謁見《えっけん》の時間がくるまで、控えの間で待機した。控えの間は御三家や加賀前田家などが入る「大廊下」を最上位として、「溜之間《たまりのま》」「大広間」「帝鑑之間《ていかんのま》」など全部で七つあり、大名家の格によって振り分けられた。そして拝謁の時間が迫ると、ぞろぞろと謁見の間に移動し、そこでも家格通りの順番に座って儀式を執り行った。

毎月の定例登城では通常、午前九時前に登城をすませ、十時頃から拝謁式に出て、午後二時ごろには下城するという流れだった。控えの間では昼食に持参した弁当を食べたが、湯茶の接待はなく、殿様自身で湯茶を入れた。

この控えの間には座布団や、どんなに寒くても火鉢の用意さえなかった。殿様といえども将軍家の前では一家来にすぎないということを思い知らせる狙いがあったからだと言われている。

また、どんなに親しい殿様同士であっても私語は一切禁止で、時間が過ぎるのをただただ待つだけだったという。

▼登城というプレッシャーの中で

新しく大名になった新参の殿様にとっては江戸城御殿での礼法・礼式に不慣れなため、緊張の連続だった。こうした場面でなにか不作法があった場合、減封《げんぽう》などの処罰が十分あり得たからだ。そのため、いざ困ったときに手助けしてもらえるよう普段から親類筋の大名家と交誼《こうぎ》を絶やさなかった。

また、広大な御殿では迷子にならないよう、カンニングペーパーを袂《たもと》にしのばせる殿様も少なくなかったという。「鶴と松の襖《ふすま》絵がある廊下を右に曲がって二番目の部屋……」といった具合である。

このように領国にいれば、風呂場で体を洗うのでさえ他人任せだった殿様たちも、いざ登城となると諸事全般一人で行動しなくてはならず、気苦労が絶えなかった。なにごとも滞《とどこお》りなくすませて下城し、藩邸に戻ったときはどんな殿様であれ緊張感から解放され、ほっと胸をなでおろしたに違いない。

「仇討」とは、実際どのようなものだったのか

▼仇討は鎌倉幕府では禁止事項

江戸時代の法制度では、主に武家の社会で父親や兄など目上の親族（尊属《そんぞく》）が殺された場合、その復讐を行うことが認められていた。すなわち仇討《あだうち》――敵討《かたきうち》である。世界的に見ても、一部のイスラム圏を除けば仇討を法制化した例は稀であろう。

この仇討、武家政権が誕生した鎌倉時代からあったように思われているが、実はそうではない。鎌倉幕府の執権《しっけん》・北条泰時《やすとき》が貞永《じょうえい》元年（一二三二年）に制定した日本初の武家法典「御成敗式目《ごせいばいしきもく》」では、仇討は明確に禁止されているのだ。では、なぜ同じ武家政権でありながら、江戸時代には認められたのであろうか。

本稿ではそのあたりの謎を解明しながら、江戸時代に起こった仇討事件の中から象徴的な事件をいくつか取り上げてみた。

これらの事件から、「討つも地獄、討たれるも地獄」と言われた仇討の実態を少しでも感じ取ってもらえたらさいわいだ。

▼犯人に他国へ逃亡されては御手上げ

仇討は、「喧嘩《けんか》両成敗」の原則に則《のっと》って紛争を処理した江戸時代には、当事者の不合理感を補う制度として、法の上でも認められた制度であった。幕府が武士などに対し仇討を認めた理由だが、やはりそこには「儒教」とのかかわりがあるようだ。江戸幕府は武士や庶民を支配するために、上下の秩序にやかましい儒教を奨励したことはご存じのとおり。殺された尊属の無念を晴らすために遺族が成り代わって仇を討つ——まさにこの行為は儒教や武士道の精神にかなうものだった。

さらに、当時の社会が幕藩体制であったことも、幕府が仇討を認めた要因の一つにあげられよう。もしも殺害事件を起こした犯人が藩内に留まっていれば、その藩の警察権も及ぶが、他国へ逃亡されてしまっては御手上げだった。

むろん当時の日本に、ＦＢＩ（米連邦捜査局）のような自由に国中を移動できる警察組織があるべくもない。そこで藩は遺族に対し、他藩にあっても私的に敵を討つことを許可したのである。つまり、江戸時代の仇討とは、地方分権社会の落とし子という側面も持ち合わせていたのである。

このように仇討は藩からの許可が必要だっただけに、それを認められるには、いくつかの厳しいルールがあった。第一に、父母や兄など目上の親族が殺された場合に限られ、被害者が妻子や弟・妹の場合は基本的に認められなかった。また、討手《うって》が十分であれば主君の許可状が、他国へ移動する場合は奉行所への届け出が必要だった。一方、仇討をされる側には返り討ちが正当防衛として認められていたという。

▼五十三年かけて敵とめぐり合う

『日本史必携』（吉川弘文館編集部編、吉川弘文館）によると、江戸時代にのべ百四件の仇討が行われたとある。これは仇討が成功した例だけを記録しているので、当時は現代のように情報入手の手段や移動手段が整っていなかったことを考慮すれば、仇討が不首尾に終わった例はこの十倍以上は間違いなくあったはずである。

この百四件の仇討を詳細に見てみると、やはり仇を討った側も討たれた側も圧倒的に士分が多い。しかし中には登場人物が女性だけという珍しい事件もある。

これは享保《きょうほう》九年（一七二四年）春、石見《いわみ》国浜田藩江戸屋敷での出来事だが、奥女中頭（岡本道女《みちじょ》）が、気難しいお局《つぼね》さま（落合沢野《さわの》）に辱《はずかし》められて自害を遂げるという事件があった。

日ごろ、道を姉のように慕っていた女中・初は義憤にかられ、沢野を刺殺してしまう。その後、初の行動は「主人の仇討」と認められ、罪に問われることはなかった。のちにこの事件（通称「鏡山事件」）は、事件を題材にした人形浄瑠璃や歌舞伎狂言が上演され、烈女お初の名と共に広く知られることとなった。

この鏡山事件の場合、仇討は即日実行されているが、百四件の仇討に要した年数をみてみると、二〜五年というのが多く、二十年以上かかった例もある。最長はなんと五十三年。とませという山伏の妻が、六歳のときに母を殺され、以来、仇敵《きゅうてき》・源八郎（農夫）の行方を探し続けた。

とませは気が遠くなるような探索人生を送ったのち、現在の福島県南相馬市で源八郎を見つけ出し、見事討ち取っている。とませはこのとき六十近い老婆になっていた。

▼十八で敵を探す全国行脚に出る

この仇討事件は嘉永《かえい》六年（一八五三年）七月十四日のことで、ペリーが黒船を率いて浦賀に来航した日から数えて六日後のことだった。とませも討たれた男も士分ではないが、江戸も中期以降になると、こうした庶民同士の仇討が目立つようになってくるのが江戸の仇討の特徴でもある。

二番目に長いのが、越後国新発田《しばた》藩の久米幸太郎が、父弥五兵衛を殺害した滝沢休右衛門を四十一年かけて探し出し、これを討ち取ったケースである。弥五兵衛は酒席での諍《いさか》いから休右衛門に殺害されたとも、あるいは休右衛門が藩金を横領しており、そのことを弥五兵衛に追及されたからともいわれ、原因ははっきりしていない。

この殺害事件があったとき弥五兵衛の長男幸太郎は七歳。その後、幸太郎は十八歳になったのを機に、江戸幕府から仇討の許可をもらい、事件後に越後を逐電《ちくでん》していた休右衛門を探す全国行脚に出る。

それから三十年目、父を殺されてからだとトータル四十一年目にして幸太郎は、ついに休右衛門を見つけ出す。その場所は、現在の宮城県石巻市だった。幸太郎は、休右衛門が黙昭《もくしょう》と名を変え、祝田浜というところで僧侶に成りすましているという確かな情報を得ると、ただちに現地に急行し、五十鈴《いすず》神社の近くで休右衛門を待ち伏せし見事本懐《ほんかい》を遂げた。安政四年（一八五七年）十月九日のことである。

▼仕込み杖を手放さない日々

このとき幸太郎は四十七の初老になっていた。これまでの三十年間という敵探しの旅は、旅費の工面の心配に明け暮れる日々でもあった。旅も後半になると、国元の親戚筋からの援助はほとんど期待できなくなっていた。そのため幸太郎は身分を秘して風呂屋の三助や商家の丁稚《でっち》奉公などをしながらわずかな日銭を稼ぎ、それを旅費にあてていたという。

一方の休右衛門だが、このとき八十二歳。こちらも越後を飛び出してから住居を転々とし、しまいには僧侶にまで化けたのに、とうとう見つかってしまった。これは討手に付け狙われる者の宿命だが、日中外出をすれば誰とも知れぬ人影に恐怖をおぼえ、夜は夜で木の葉を揺らす風の音にもおびえる毎日である。そのため休右衛門は、討手がいつ目の前に現れても応戦できるように、僧侶になっても仕込み杖《づえ》を手放さなかったという。まさに、仇討は討つも地獄、討たれるも地獄であった。

久米幸太郎は仇討後、新発田藩に帰参がかなう。明治維新後には何かしらの事業を始めたらしいが、うまくいかなかったという。晩年は、各地を放浪し、祝田浜にも立ち寄ったと言われている。このとき、仇討の美名のもと八十を過ぎた老人を殺害したかつての事件をどう思い起こしただろうか。

「後妻打ち」に見え隠れする江戸時代の"三角関係"とは？

▼後妻が嫁した家に集団で押し入る

江戸時代の仇討《あだうち》についてはすでに別項で語ったが、仇討に関する史料を調べていて、興味深い風習——女が女に仕掛ける一種の仇討にぶつかった。夫がなにかの理由で妻を離縁し、すぐに後妻をもらった場合、先妻が後妻に対するうっぷんを晴らすため後妻が嫁《か》した家に集団で押し入って乱暴狼藉《ろうぜき》を働くという行為で、これを「後妻《うわなり》打《う》ち」という。歴史好きであれば、すでにご存じの風習であろう。

史料によると平安時代の中期から江戸の初めごろまで見られた風習とされている。能狂言にもこの後妻打ちを主題とした「三山《みつやま》」という演目がある。一人の男をめぐって二人の女（先妻の桂子《かつらご》と後妻の桜子《さくらご》）が相次いで死に、二人は亡霊となる。男の愛情を若い桜子に奪われた桂子の亡霊は、木の枝で桜子の亡霊をさんざんに打擲《ちょうちゃく》するが、僧侶の念仏によって改心する。そして桂子は桜子とのわだかまりもなくなり、二人は仲良く浄土へと旅立つ、といった内容である。

さすがに高尚な能の演目だけに、先妻と後妻の争いもなにやら床しく描かれているが、実際の後妻打ちはとてもとてもこんなきれいごとではすまなかった。本稿では、歴史上、後妻打ちに悩まされた二人の武将の話を語ってみることにする。

▼討ち入りの条件

後妻打ちに悩まされた武将の話をする前に、後妻打ちのしきたりなどについてもう少し補足しておこう。

そもそも「うわなり」とは、『古事記』にも「うわなりねたみ」という言葉が登場するほどで、一夫多妻制だった時代には正妻以外の「側女《そばめ》」を意味した。平安中期ごろから「後妻」を指すようになったという。

この後妻が嫁した家に、先妻が憂《う》さ晴らしに討ち入ったのが後妻打ちだが、先妻なら無条件で討ち入りできたわけではない。

条件は自分が離縁されてから一カ月以内に前夫が再婚した場合に限られた。離縁状の墨の跡も乾かぬうちに新しい女を家に引き込むとは、先妻としての矜持《プライド》が許さない——といったところか。

しかも、後妻打ちには進め方に最低限のルールがあった。まず、相手（後妻）に対し書状で後妻打ちを行うことを通知しなければならず、書状には日時や参加人数、使用する武器（ほうき、はたき、すりこぎ、木刀など。刃物は不可）を正直に記す必要があった。

この書状を相手方に届けるのは高齢の男性と決められており、後妻側で応対に当たるのも男性が行う決まりだった。

先妻側に味方するのは先妻の親戚や女友達、近所の女たちで、ときには三十人、四十人の集団になることも珍しくなかった。加勢する女たちも日ごろのうっぷん晴らしができると喜んで参加する者が多かったという。また、当事者たる夫は後妻、先妻のどちらにも加勢できない決まりだった。

▼嵐が通り過ぎるのを震えて待つ夫

そして、約束の当日――。後妻の屋敷前に、手に手に武器を引っ提げた姿も勇ましい先妻側の一団が現れると、先妻の号令一下、一斉に家の中に突入した。暴徒たちは口々になにやら喚《わめ》きたてながら手にした武器を振り回し、家財道具や食器など目についた物を次々と破壊して回った。

後妻も気が強いと仲間を集めて応戦する場合もあったが、大抵は先妻側が暴れ回るのを指をくわえて見ているか物置にでも隠れ潜んでじっと耐えていた。一方、夫はというと、おそらく当日は親戚宅か友人宅にでも避難し、嵐が通り過ぎるのを震えながら待つしかなかったに違いない。

先妻側の破壊行為が一段落したところを見計らって現れるのが、仲裁人だ。これは先妻と後妻双方の仲人経験者がつとめることが多かった。この仲裁人の登場をしおに、いかにもすっきりとした顔つきで引き揚げ始める先妻側の一団。暴風雨が通り過ぎたあとの家の中は足の踏み場もない混乱状態だったことは言うまでもない。

このように実際の後妻打ちは、能の「三山」からはほど遠い殺伐《さつばつ》としたものだった。男に捨てられて悔しいのなら、その怒りが後妻ではなく前夫に向かいそうなものだが、そこが不思議なところだ。

▼北条政子、夫頼朝の愛人を襲撃させる

さて本題の後妻打ちに悩まされた武将の話だが、歴史上、恐妻家だった有名人は少なくない。

たとえば、室町幕府八代将軍・足利義政《あしかがよしまさ》は、妻の日野富子《ひのとみこ》に命じられ、それまでいた側室五人を流罪にしたり追放したりしている。「賤ケ岳《しずがたけ》の戦い」で名をはせた猛将・福島正則《まさのり》の場合、妻の昌泉院《しょうせんいん》に浮気の朝帰りを咎《とが》められ、薙刀《なぎなた》を提げた昌泉院に屋敷の中を追い回されたという記録がある。のちに正則は「戦場では敵に背中を見せたことがないわしだが、あのときばかりは妻から必死に逃げ回ったものよ。実《げ》に女の嫉妬は怖ろしい」と、しみじみ述懐したという。

しかし、歴史上の有名人で恐妻家ナンバーワンといったら、やはりこの人、鎌倉幕府を開いた源　頼朝《みなもとのよりとも》だろう。頼朝は英雄色を好むで、女に次々と手を出した。妻の北条政子が長男（のちの二代将軍・頼家）を身ごもっているときでさえ、亀の前という女を口説いて妾《めかけ》にしている。のちにそのことを知った政子の怒り方がすご

かった。

政子は父北条時政《ときまさ》の後妻である牧《まき》の方《かた》の父の牧宗親《むねちか》に命じて、亀の前が匿《かくま》われていた伏見広綱《ふしみひろつな》（頼朝の右筆《ゆうひつ》＝秘書官）の屋敷を急襲させたのである。つまり政子は、産後間もない自分に代わって牧宗親に後妻打ちの指揮官を命じたのであった。襲撃を受けた広綱は亀の前を伴って命からがら大多和義久《おおたわよしひさ》の屋敷に逃げ込んだという。

▼新しい女をつくるたびに後妻打ちを

『吾妻鏡《あづまかがみ》』によると、亀の前は牧宗親に襲撃された際、宗親から「大いに恥辱を与えられた」とある。恥辱の内容がどんなものかわからないが、「もう二度と頼朝に逢ってはならぬ」とでも脅《おど》され、髪を切られるなど何らかの暴力が加えられたことは間違いないだろう。

このときの政子が人を使って妾を襲撃させた事件が、自分は直接手を下していなくても、女が女に仕掛ける復讐――後妻打ちに相当するという。のちに頼朝は、亀の前を匿った伏見広綱を流罪に処し、政子の怒りをなんとか宥《なだ》めようと腐心している。広綱にすれば頼朝に命じられて亀の前を匿っただけなのに、それがために罰を与えられるとはまったくもって割に合わなかった。

どうやら政子は頼朝が新しい女をつくるたびにこうした後妻打ちをやっていたらしい。政子の妬心《としん》が人一倍強いことを知っていて、それでも次々によその女に手を出す頼朝の好色ぶりもここまでくれば、もはや天晴《あっぱれ》である。

もうひとり、源頼朝同様、後妻打ちに悩まされた武将が、戦国時代にいた。元は肥前国《ひぜんのくに》（佐賀県）の戦国大名・龍造寺隆信《りゅうぞうじたかのぶ》の家老で、のちに肥前佐賀藩の藩祖となる鍋島直茂《なべしまなおしげ》がその人。豊臣秀吉にかわいがられた武将でもある。

▼罪人にまで温情をかける

鍋島直茂にはもともと慶円尼《けいえんに》という正妻がいた。ところが慶円の実父が直茂に対し裏切り行為を働いたため、子まで成していた慶円とはやむなく離別し、すぐに新しい女性と再婚する。

その相手は彦鶴《ひこつる》（陽泰院《ようたいいん》）といい、父は直茂同様、龍造寺隆信の家老だった人物である。この彦鶴も再婚で、三年前に夫が戦死していた。二人が再婚したときの年齢は直茂三十二歳、彦鶴二十九歳。

彦鶴はたいへんに機転が利き、慈悲深い女性でもあり、夫直茂の覇業を陰から支えた賢婦人として名高い。慈悲深さではこんな逸話が伝わっている。ある冬の寒い夜、牢屋に入っている罪人たちはきっとこの寒さで震えていることだろう、と心配した彦鶴は台所の者に命じて温かい粥《かゆ》を大量に作らせ、牢屋に運ばせたという。罪人たちは彦鶴の温情に感謝し涙を流しながら粥をすすったそうである。

そんな彦鶴に後妻打ちを仕掛けた女性こそ、先妻の慶円であった。とつぜん直茂と別れることになったものの、慶円は直茂のことを心底愛しており、未練たらただった。そして、いよいよ気持ちを抑えきれなくなった慶円は、新婚の彦鶴に後妻打ちを仕掛けたのであった。

▼機転で後妻打ちを回避

ところが彦鶴は、慶円から作法どおりの「宣戦布告書」を受け取っても、応戦の準備をする様子はまったく見られなかった。一瞬、戸惑いを覚えた慶円だったが、それでも当日になると、目にもの見せてくれようとばかりに集団で彦鶴の屋敷に押しかけた。すると、屋敷はしんと静まり返っているではないか。やはり彦鶴には応戦する意思はなかったのだ。

そこへ彦鶴が現れ、穏やかな口調で出迎えると、そのまま慶円らを屋敷の中に招き入れた。そして茶菓を出して丁寧にもてなしたという。夫を奪われた恨みを晴らすため思うさま暴れまわってやろうと鼻息荒くやってきたのに、これではすっかり拍子抜けである。やがて慶円らはすごすごと帰っていったという。

こうして彦鶴の機転によって、後妻打ちは回避されたのであった。おそらく、このの成り行きをどこかの物陰から不安げに見守っていたであろう鍋島直茂は、ほっと胸をなでおろしたに違いない。

直茂と彦鶴の夫婦は終生仲睦《むつ》まじく、直茂は八十一歳で、彦鶴は八十九歳で没した。二人の夫婦生活は四十九年間もの長きに及んだ。

謹慎から切腹へ……千利休に秀吉が怒りの焔を燃え立たせた理由

▼豊臣政権の中枢にいた利休がなぜ……

天下統一を成し遂げた豊臣秀吉《とよとみひでよし》は晩年、それがあの秀吉かと誰もが目や耳を疑う愚行を重ねていた。

たとえば、実子（秀頼《ひでより》）が誕生したからといって邪魔になった甥《おい》の秀次《ひでつぐ》に切腹を命じ、あまつさえその一族三十九人を無惨にも処刑した。さらに途方もない朝鮮出兵を言い出したりと、まるで別人格が乗り移ってしまったかのような豹変《ひょうへん》ぶりだ。

千利休《せんのりきゅう》に切腹を命じたことも、そんな秀吉が重ねた愚行のうちの一つだ。ご存じのように、利休はたんに秀吉の茶の湯の師匠であっただけでなく、豊臣政権の相談役として、「表向きは秀長《ひでなが》（秀吉の異父弟）に、内々のことは利休に」と言われるくらい、秀吉から信頼されていた。それなのになぜ利休は秀吉から切腹を命じられたのであろうか。

この謎に関しては昔から様々な説があがっているが、今も確かなことはわかっていない。一体、二人の間に何があったのだろうか。

本稿では、この「千利休賜死《しし》事件」の原因ではないかと一部でささやかれてきた、ある奇説についてその真偽を考えてみたい。それは、「利休がキリシタンだったから秀吉に抹殺された」という説だ。あまりにも突飛過ぎて、戦国史ファンならほとんどが一笑に付すことだろう。ところが調べてみるとこれが意外や意外……。

▼信長、秀吉と天下人に相次いで仕える

まず、利休が自害を遂げるまでをざっとさらっておこう。

千利休は大永二年（一五二二年）、和泉《いずみ》国堺の商家で誕生した。家業は納屋衆《なやしゅう》——倉庫業である。十代後半で茶の道に入り、やがて豪商であり当時一流の文化人でもあった武野紹鴎《たけのじょうおう》に師事、さらに京都・大徳寺などで禅の修行も始めている。

利休は禅宗から学んだ簡素簡略の境地、すなわち「わび」の精神を重んじ、それを茶道具はもとより茶室の構造やお点前《てまえ》の作法など茶会全体の様式にまで求めた。最終的に「これ以上何も削れない」という極限まで無駄を排除して緊張感のある茶の湯の世界を完成させたのであった。

堺の支配が三好《みよし》氏から織田信長《おだのぶなが》の手に移ると、利休は信長に近づき、同じ堺の豪商茶人であった今井宗久《いまいそうきゅう》、津田宗及《つだそうきゅう》らとともに召し抱えられる。信長が本能寺で斃《たお》れると、利休は秀吉に仕えた。その翌年の天正十一年三月、秀吉の命令で、秀吉と明智光秀《あけちみつひで》が戦った京都・山崎の妙喜庵《みょうきあん》に茶室「待庵《たいあん》」（国宝）を完成させている。

このわずか二畳敷きの茶室が、利休作の現存する唯一の茶室とされている。

▼秀吉の頭を踏みつける利休の木像

九州を平定し実質的に天下人となった秀吉は天正十五年（一五八七年）十月一日、京都・北野天満宮境内において史上空前の規模の大茶会を挙行する。いわゆる「北《きた》野大茶湯《のおおちゃのゆ》」である。この催しの総合演出を秀吉から一任されたのが、利休であった。

そんな蜜月関係にあると思われた二人だったが、ある日突然、秀吉から利休に対し「京都を出て堺で謹慎せよ」との命令が下る。それは、豊臣政権においては利休の最大の理解者であった秀吉の弟秀長が亡くなって約一カ月後の天正十九年二月二十三日のことだった。

なにが秀吉の逆鱗《げきりん》に触れたかというと、表向きの理由として、大徳寺の三門（寺の正門のこと）を利休が私費を投じて修復した際、門の上に自らの姿をかたどった木像を置いたことが赦《ゆる》せないというのだ。三門であれば当然、貴人であれ庶民であれ誰もが通り抜けることになる。秀吉とて例外ではない。そんなとき木像とはいえ、頭上から踏みつけるように見下ろすとは不敬極まりない、というのである。

しかし、これは言いがかり以外の何ものでもなかった。その木像は、寺側が利休の寄進に感謝し、勝手に造ってそこに据えたのである。しかも、二年前のことであり、それを今になって持ち出すというのは、はじめから利休の処分ありきで、世間を納得させる理由を無理やりそこにくっつけたと思われても仕方がなかった。

▼前田利家や弟子たちの助命嘆願も実らず……

どうやら秀吉は、謹慎処分を申し渡されたことで利休は泣いて自分に詫びを入れにくると踏んでいたらしい。ところが案に相違して利休はそのまま黙って堺に帰ってしまったものだから、いよいよ秀吉の怒りが爆発し、ただちに利休に切腹を命じている。この処分に対し、秀吉とは年来の友人関係でもあった前田利家《まえだとしいえ》のほか、利休の茶の湯の弟子で「利休七哲」に数えられる古田織部《ふるたおりべ》や細川忠興《ほそかわただおき》らが助命に動いたが、結局それはかなわなかった。

こうして京都に呼び戻された利休は、謹慎を命じられてから五日後の二月二十八日、茶の湯の弟子の蒔田淡路守《まいたあわじのかみ》の介錯《かいしゃく》によって自害を遂げた。享年七十。秀吉は首実検さえせず、その首を一条戻橋に晒《さら》すよう命じた。

その際、大徳寺から引っ張って来た利休の木像の足で踏ませる形で首を晒したと諸書は伝える。まさに秀吉の常軌を逸した仕打ちだが、それほどまで利休に対する恨みが深かった証《あかし》であろう。

秀吉のこの恨みは一体、何に起因していたのだろうか。それについては後世、様々な説があがっている。なかでも、万事が派手好みの秀吉と利休とはしょせん水と油で、自分の茶の湯が利休に軽蔑されていると感じたから、という茶の湯に関しての考え方の違いをあげる史家が少なくない。

▼カトリックのミサと作法が酷似

異説として、利休が安価な茶器を高額で売り私腹を肥やしたから、秀吉が利休の娘を側女《そばめ》に所望したが利休がそれを断ったから、秀吉の朝鮮出兵を批判するなど政治向きのことに利休が何かと口を挟んだから、堺の富の独占を目論む秀吉と対立したから……などがあがっているが、いずれも裏付ける史料に乏しく決め手を欠くと言わざるを得ない。

そこで、前述の「利休キリシタン説」の登場である。この説が最初に世に出たのは大正十三年に刊行された『大内文明ザベリヨと山口』（長富雅二編）で、その二年後に日本基督《キリスト》教会牧師の山本秀煌《ひでてる》が『西教史談』で続いた。利休が創始した茶の湯の作法には、カトリックのミサ（祭儀）の作法と一致する点が多々あること、利休の弟子たちにはキリシタンが多いことなどを論拠にあげていた。

平成の世となり、この茶の湯とミサの作法が似通っているという仮説を補強する説を唱える人物が現れる。平成二十六年二月三日付の朝日新聞文化面に「キリスト教徒だった?千利休」と題した記事が掲載されたのだが、その中で利休の孫・宗旦《そうたん》の次男だった一翁宗守《いちおうそうしゅ》を祖とする武者小路千家《むしゃのこうじせんけ》の十四代家元・千宗守《そうしゅ》氏は「一つの茶碗の同じ飲み口から同じ茶を飲む『濃茶』の作法は、カトリックの聖体拝領の儀式からヒントを得たのではないか」と指摘し、「こうした回し飲みの作法は利休以前の文献に記録がなく、利休が創案したと考えるのが自然」とも語っている。

▼利休のまわりに多くのキリシタンが

さらに宗守氏は、利休が生きた時代の堺は日本有数の貿易都市でカトリックの宣教が盛んだったことから、ワインが入った杯を回し飲みするミサの様子を目にする機会があった利休は、会場の一体感を高める狙いから、その回し飲みを茶の湯に取り入れたのではないかという。「茶入れを拭く際の袱紗《ふくさ》さばきや茶巾《ちゃきん》の扱い方なども、聖杯を拭くしぐさと酷似しており、偶然とは考えにくい」と説明。また、利休が設計した茶室の特徴的な構造の一つである「にじり口」についても、「狭き門から入れ」というイエスの言葉を象徴的に表現しているのではないかという。

こうした茶の湯の作法や茶室の構造だけをとらえて、利休はキリシタンだったと断言するのは早計だが、それにしても利休のまわりにはキリシタンが多すぎるのだ。

利休七哲のうち、高山右近《たかやまうこん》、牧村兵部《まきむらひょうぶ》、蒲生氏郷《がもううじさと》の三人ははっきりとしたキリシタンで、古田織部と、明智光秀の娘・玉（洗礼名ガラシャ）を妻に持つ細川忠興もキリシタンの可能性が高いという。

つまり、七人の弟子のうち五人までがカトリックと深いかかわりを持っていたことになる。さらに、利休の後妻と娘もキリシタンだったと言われている。豊臣政権の中枢にいて、これほどキリシタン、もしくはカトリック関係者がまわりにいた人物は利休以外にいなかったはずである。これをどう考えたらよいだろうか。

▼利休は半分武士だった？

どうやら状況証拠から判断して、利休はキリシタンであった、もしくはカトリックの教えを理解し共感《シンパシー》・共鳴を覚えるだけの進歩的な考えの持ち主であったことは疑いないようである。こうした利休の思想・信条を知ったうえで、秀吉はあえて利休に切腹を命じたのではないだろうか。

当時の利休は茶頭《さどう》（茶坊主）とはいえ、秀吉から三千石の禄《ろく》を頂戴し、秀吉軍の転戦にも従軍したことから、周囲からは半分武士として見られていたらしい。事実、利休が使用したと伝わる鎧兜《よろいかぶと》がひと揃い現存している（その鎧から推《お》して利休は身長百八十センチ前後の大男だったことがわかるという）。

したがって、武士であれば主君から切腹を賜《たまわ》ることは何ら不思議ではない。むしろ斬首でないのは武士としての名誉を尊重してくれた証でもあった。しかし、今回は少し意味合いが違った。カトリックでは自害を堅く禁止していただけに、そのカトリックに傾倒している利休に自害を命じたら、利休ははたしてどうするだろうか、という秀吉の底意地の悪い興味がそこに介在したのではないだろうか。早い話、利休への嫌がらせだ。

秀吉と利休との間の確執《かくしつ》は、やはり茶の湯に対する二人の考え方の違いに起因していたと思われる。黄金の茶室をしつらえるなど派手好みの秀吉の嗜好《しこう》を知悉《ちしつ》していながら利休はその対極にある簡素で簡略化された茶の湯の世界をこれ見よがしに（秀吉には少なくともそう感じた）展開して見せたのである。

▼他人には理解できない私怨だった可能性

利休が秀吉から謹慎を命じられる一カ月ほど前にもこんなことがあった。諸大名が列席した茶会の席で利休が、ごく質素な黒楽茶碗《くろらく》で平然と茶を点て、秀吉に献じたのである。黒は秀吉が嫌うことを誰もが知っていただけに、秀吉は満座のなかで恥をかかされたようなものだった。

秀吉はきっとこのとき腹の中で「利休坊主め、どこまで増長しくさるのか。ここまで目をかけてやったのに恩を仇《あだ》で返すつもりか。今に見ておれよ」と、怒りの焔《ほむら》を燃え立たせたに違いない。そして、その結果が「謹慎」からの「切腹」という究極の処分となって表れたのである。

秀吉は、たんに自分のそばから利休を遠ざけるだけでは気が収まらず、キリシタンと思われる利休に最後の最後まで苦しみを与えたうえで抹殺しようと考えたのではないだろうか。この利休賜死事件の真相がはっきりわかっていないということは、つまり、それだけ第三者には理解できない秀吉の私怨《しえん》によるものだったという証ではないだろうか。

秀吉は晩年、利休を切腹させたことを後悔するかのように、利休が創案した作法で食事をとり、利休好みの簡素な茶室を造らせ、そこに籠もってなにやらもの想いにふけることもあったという。

第3章

あの人物のもう一つ別の顔を知る新視点

遣唐使として唐に渡って帰国しなかった阿倍仲麻呂の「その後」

▼当時最高峰の知識人が集められる

遣唐使《けんとうし》といえば、その昔、日本政府が中国に送った使節のことである。飛鳥時代から奈良時代、平安時代にかけての西暦六三〇～八九四年までのざっと二百六十年間にわたって行われた使節団派遣で、当時、中国大陸を統一していたのは唐王朝（六一八～九〇七年）だったところから、この名が付いた。

この二百六十年間でのべ二十回の派遣を数えるという（計画だけで実際に派遣されなかった回も含む）。つまり、十数年に一回のペースで実施されたことになる。

使節団の目的だが、中国の先進的な政治制度や文化・技術の吸収、ならびに仏教の経典の収集などが主たるものだった。したがって、当時としては国内最高峰の知識人が各界から選抜され使節団に加えられたという。

有名なところでは天台宗の開祖最澄《さいちょう》、真言宗の開祖空海《くうかい》、歌人としても名を残す阿倍仲麻呂《あべのなかまろ》、日本に初めて囲碁をもたらした人物ともいわれる吉備真備《きびのまきび》……などがよく知られている。

このように遣唐使の大まかな話については、ほとんどの人がご存じのはず。しかし、もう少し詳しい話となるとどうだろう。

たとえば、どんな船に乗りどんな経路で海を渡ったのか。唐の都での生活ぶりはどんな様子だったのか。どれくらいの期間滞在したのか。日本に帰国してからどうなったのか……などなど遣唐使に関する様々な疑問に答えようというのが本稿の主旨である。後半では、遣唐使として唐に渡り、その後二度と帰国しなかった阿倍仲麻呂のその後についても語ってみたい。

▼風まかせのジャンク船

まず遣唐使船の唐までの経路だが、時代別に大きく三つに分かれる。最初の七世紀中ごろでは壱岐《いき》・対馬《つしま》経由で朝鮮半島の西側を進み、渤海湾《ぼっかいわん》から山東《さんとう》半島に上陸した。これが「北路」だ。その後、六六三年の「白村江《はくそんこう》の戦い」で朝鮮との関係がこじれると、九州南端から奄美大島、沖縄を経由して東シナ海を突き切り、揚子江《ようすこう》(長江《ちょうこう》)を目指す経路がとられた。八世紀前半のころで、「南島路」と呼ばれた。さらに八世紀後半〜九世紀前半になると現在の福岡県から長崎を経て、五島列島から東シナ海を横断して揚子江を目指す経路が採用された。これが「南路」で、南島路よりも日数を短縮できる利点があった。

船は中国式の木造帆船《はんせん》(ジャンク船)と考えられ、後代には櫓漕《ろこ》ぎも併用されていたらしい。こうした船が数隻《せき》で船団を組み、唐に渡った。一隻に大体百人ほどが乗船していた。最も人数が多かったのは、実際に行われた派遣では最後になった第十九次——承和《じょうわ》五年(八三八年)の回で、六百五十一人と記録されている。

日本からの所要日数だが、風さえよければ七〜九日間で大陸に到着できたという。ときには時化《しけ》に遭って沈んだり大海原を一カ月以上も漂流したり——といった悲惨な目に遭うこともあったらしい。派遣された人にとってはまさに命がけの役目だったのである。

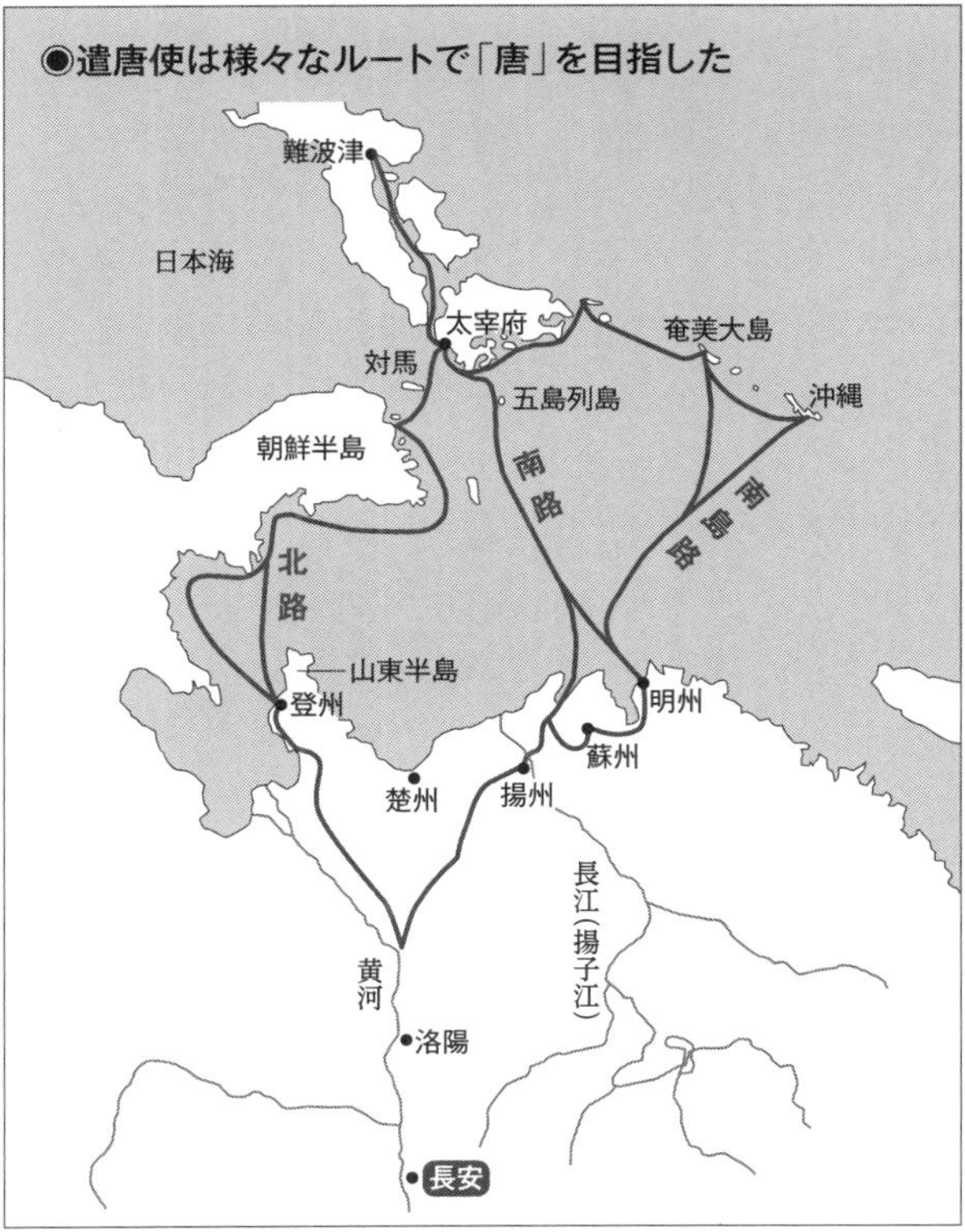

当初は朝鮮半島伝いのルートで山東半島に上陸し、そこから長安に向かった。しかし、「白村江の戦い」で朝鮮との関係がこじれると、以来、奄美や沖縄経由の「南島路」、または五島列島経由の「南路」で大陸に渡った。それはまさに天候次第の命がけの航海だった。

▼十八年間も唐にとどまった吉備真備

大陸に着くと、着岸地を管轄する官憲の査察が待っていた。手続きに時間がかかり、賄賂《わいろ》が少ないと何カ月も足止めを食らった。そんなわけで都の長安に入るまで三カ月から半年間も要したという。また、遣唐使のうち、入京を許可されるのは一〜二割の主だった者に限られるのが常だった。

入京すると最初の目的である、皇帝への拝謁が待っていた。遣唐使たちは日本から持参した朝貢品《ちょうこうひん》（銀や織物、真珠、椿油、漆など）を献上し、それがすむとようやく本来の目的である、関係各所への視察や修学など思い思いの行動に移ることができたのである。

遣唐使たちが都でどのように過ごしたのかを伝える史料はほとんどない。通常は一〜二年程度で当初の目的を達して帰国したのだが、なかには十年以上滞在する者もいた。吉備真備がその一人で、彼はなんと二十二〜四十歳までの十八年間も唐で暮らした（その後真備は五十七歳のときに二度目の入唐をしている）。

真備は最初、留学生を収容する寺（学校）で他の留学生らと一緒に学び、その後も様々な学校を渡り歩いてどん欲に知識を吸収したらしい。真備は帰朝後、政治や外交、軍事など多岐にわたる分野で活躍し、聖武《しょうむ》天皇や孝謙《こうけん》天皇（のち重祚《ちょうそ》して称《しょう》徳《とく》天皇）らの信頼を勝ち得たが、唐時代に学んだ知識が大きくモノをいったことは間違いないだろう。

▼科挙の超難関試験を一発で突破

吉備真備についてふれたので、真備とは同じ遣唐使仲間（第九次）の阿倍仲麻呂についても述べてみたい。

天《あま》の原　ふりさけみれば　春日なる　三笠の山に　出《い》でし月かも

仲麻呂といえば、百人一首にも選ばれているこの歌が有名だが、彼は早くから秀才として知られていた。祖父は蝦夷征討《えぞせいとう》や白村江の戦いで活躍した阿倍比羅夫《ひらふ》、父の阿倍船守《ふなもり》も高級官僚だった。仲麻呂は十代半ばで従八位の官位を授かったほどで、これは異例中の異例だった。若いころは容姿端麗の美青年で、このことは唐側の史料にも記録されているという。

そんな仲麻呂が遣唐使の一員に選抜され唐に渡ったのは養老元年（七一七年）、十九歳のときで、一行には三つ上の吉備真備も加わっていた。仲麻呂は長安に着くと、「太学《たいがく》」と呼ばれる最高学府で九経（儒教で尊重される五種類の経典などを含む）を学び、科挙《かきょ》（官僚登用試験）の受験資格を得る。そして、科挙の六科のなかで最も難しいとされていた「進士科《しんしか》」を受験し、見事合格する。

進士科の受験機会は三年に一回。毎回受験生は千人以上、多くて三千人もいた。合格率は一～二パーセント。千人受験しても十～二十人程度しか合格できない超難関だった。それを留学生でありながら一発で突破したのだから、仲麻呂の優秀さがしのばれる。この科挙の合格時期は仲麻呂の二十代半ばごろとみられている。

▼五十四歳で帰国の最後のチャンスが

仲麻呂はその後、ときの皇帝玄宗《げんそう》（楊貴妃とのロマンスで知られる）に仕えた。玄宗から中国風の名前（朝衡《ちょうこう》、晁衡とも）まで頂戴するほど気に入られ、どんどん出世の階段を上っていく。主に文学畑の役職を歴任しており、皇室の蔵書を管理する長官職（現代でいえば「国立図書館長」）などに就いている。したがって仲麻呂は、当時すでに天才詩人としてもてはやされていた李白《りはく》や王維《おうい》、杜甫《とほ》らとも交流があったという。

入唐から十六年後の七三三年、第十次遣唐使が来唐したタイミングをとらえ、仲麻呂は両親が年老いたことを理由に政庁に帰国を願い出る。ところが玄宗は仲麻呂の才能や人柄を惜しみ、自分の息子の教育係になることを命じ、帰国を許さなかった。一時は落胆する仲麻呂だったが、人間、何がさいわいするかわからない。

その第十次遣唐使は翌年帰国の途につくのだが、途中、時化に遭い、四隻のうち一隻しか日本にたどり着けなかった。もしも、このときの一行に加わっていたら、仲麻呂の命も助からなかったかもしれない。

七五二年、仲麻呂には待望久しい第十二次遣唐使（十一次は計画段階で中止になっている）が来唐した。五十四歳になっていた仲麻呂にとっては最後のチャンスだった。玄宗もこのときはさすがに帰国を許可したという。

▼遭難から二年後にひょっこり舞い戻る

翌七五三年十二月十五日、仲麻呂が一行に加わった遣唐使船四隻が日本を目指して揚州を出発した。直前に友人らが送別の宴を催してくれたが、このとき仲麻呂が例の「天の原……」を日本語で詠《よ》んだとされている。

船に乗り込み、ようやく帰国できると喜びをかみしめる仲麻呂。ところが運命は残酷だった。船団はまたも途中で時化に遭遇したのだ。それも沖縄本島まで到着していながら暴風雨によって、南へ南へと流され、最終的には仲麻呂が乗った第一船はベトナム中部の安南に漂着してしまう。

すぐに長安では仲麻呂の死亡説が流れたという。交友が深かった李白は、「高潔な日本の友人・晁衡（仲麻呂のこと）は船の帆をはためかせて日本へと向かったものの、途中で碧《あお》い海に沈んでしまった。愁《うれ》いを帯びた白雲が蒼梧山《そうごさん》に立ち込めている……」といった意味の七言絶句「哭晁卿衡《ちょうけいこうをこくす》」を詠んでその死を悼《いた》んだ。

一方のベトナムに漂着した仲麻呂の安否だが、現地の盗賊などに襲われ、一行のほとんどが殺されるなどの危ない目に遭ったが、中国の影響下にあった場所までどうにか逃げ込むことができ、二年後の七五五年に無事長安に戻っている。

その後、帰国を諦めた仲麻呂は官職に復帰し、七七〇年一月、七十三歳で亡くなった。ときの皇帝代宗《だいそう》は仲麻呂の生前の功績をたたえ、「潞州大都督《ろしゅうだいととく》」の官名を追贈している。

▼遣唐使の歴史に幕が下りる

このように西暦六三〇～八九四年までのざっと二百六十年間にのべ二十回も行われた（あるいは計画された）遣唐使だったが、最後の第二十次を計画中に中止が決定した。この二十次で使節団の大使（責任者）に任じられていたのが、誰あろう、学問の神様・菅原道真《すがわらのみちざね》だった。このとき道真自身が「内乱が頻発《ひんぱつ》している唐は今や弱体化し、かの地での安全が確保できない。そもそも航海には危険が多く、日本にとって有益な人材をこれ以上失うことは避けるべきである」と建議したとされている。

こうして遣唐使の永い歴史に幕が下ろされたのであった。

あえて「女」として土佐日記を書ききった紀貫之の真意

▼土佐から京へ帰るまでの全行程を記録

日本の文学史上、「日記」を文学の高みにまで押し上げた立役者がいる。そう、平安時代の天才歌人で、『土佐日記』（古くは『土左日記』）を著《あらわ》した紀貫之《きのつらゆき》である。この紀貫之がいなければ、のちの清少納言《せいしょうなごん》や紫式部《むらさきしきぶ》に代表される平安女流文学は生まれなかったかもしれないと言われている。

『土佐日記』とは、国司《こくし》（中央から地方に派遣された官吏《かんり》、現代の県知事に相当）として土佐国（高知県）に赴任していた貫之が、任期を終えて土佐から京へ帰るまでの五十五日間に及ぶ船旅を克明につづった、現代の紀行文に近いものだ。

船中や港々での出来事、各地の風光、さらには土佐で亡くした愛娘《まなむすめ》を想う心情や帰京にはやる気持ちなどが、五十七首の和歌をまじえながら全行程一日も欠かさず記録されている。ときには、女性読者なら思わず眉をひそめてしまう猥雑《わいざつ》な表現も含まれていて、それがまた一つの「味」となっている。

この『土佐日記』で不思議なことは、ほとんど漢字を使わず仮名文字（平仮名）で書かれていることだ。当時の男性の日記は漢文で書かれるのが普通なのに、貫之はなぜ仮名を選んだのだろうか。さらにもっと不思議なのは、書き出しにも、

「男もすなる日記といふものを、女もしてみむとて、するなり」

とあるように、筆者を「女」に仮託《かたく》していることだ。一体、貫之はなぜ、女のふりをして日記を書く必要があったのだろうか――。

▼役人としては終生日の目が当たらず

紀貫之は、現在の奈良県生駒《いこま》郡平群《へぐり》町一帯を本拠とした古代豪族・紀氏《きのうじ》の流れである。大和《やまと》王権にあっては外交や軍事を担う有力豪族の一氏だったが、平安時代前期に起こった政変「応天門の変」によって一族は没落していた。

貫之の生まれた年は西暦で八七〇年ごろとされているが、定かではない。下級役人の出身ではあったが、和歌の才能があり、そのことが彼を救った。延喜《えんぎ》五年（九〇五年）、醍醐《だいご》天皇の命により、勅撰《ちょくせん》和歌集としてはわが国で最初の『古今和歌集』の編纂《へんさん》に携わる。八七〇年の生まれとするなら、このとき三十代半ばである。

貫之は歌の世界では周囲から一目も二目も置かれる存在だったが、役人としては終生日の目を見ることはなかった。延喜十七年（九一七年）、四十代後半で従五位下に叙《じょ》せられ、晴れて「貴族」の仲間入りを果たすが、その一つ上の従五位上を授与されたのは亡くなる二年前のことで、なんと二十六年もかかっていた。

そんな貫之が京を離れ、土佐に国司として入ったのは延長八年（九三〇年）一月、六十歳ごろのことである。それから五年後の承平《じょうへい》五年（九三五年）二月に帰洛《きらく》するまで、丸五年間、貫之は国司としての務めを無難に果たしている。没したのは、土佐守を退任してちょうど十年後の天慶《てんぎょう》八年（九四五年）三月のことである。

▼男目線の逸話や感想が随所に

ところでこの『土佐日記』、日記というだけあって船旅の間に実際に起こった出来事や自分が感じたことを毎日正直に書き記《しる》した実録ものと思われがちだが、実はそうではない。地名や人名、人物・情景描写などに意図的と思われるウソが混ざっていて、今日では日記の体裁をかりた虚構《フィクション》――文学作品という見方が強い。

たとえば、現在の室戸市室津と思われるところでは、船に乗っていた女たちが海神の祟《たた》りを怖れたらしく、着物の裾《すそ》を高々とまくり上げ、自分の鮑《あわび》（女性器）を海神に見せつけている――といった内容の記述があるが、これなどは明らかに男性読者を意識しての虚構であろう。また、京都で何度も見ているはずの山を、感動を大きくするためにあえて初めて見たかのように描写している場面などもある。

こうした虚構や誇張、さらに言葉遊びも目立つのが『土佐日記』の特徴で、これは貫之が第三者に読んでもらうことを意図したからにほかならない。そこから考えて、まず旅の途上に漢文で日記が書かれ、京都に戻ってから、それをベースに虚構をまじえて平仮名で書き直したのが『土佐日記』であろう、と多くの研究者は見ている。

また、冒頭で「男もすなる……」と書いておきながら、男目線の逸話や感想が散見されることから、少し読み進めれば作者は実は男であることが誰の目にもわかった。さらに、所々に挟まれた和歌を見れば、作者の名は秘されてあっても、歌の道に明るい人が読めばそれが貫之の作であるとすぐに看破《かんぱ》したに違いないという。

▼漢文の堅いイメージを嫌って…

では、読み進めていくうちに作者が女ではなく男であること、しかも貫之であることがすぐにバレるような安易な設定に、和歌の天才ともあろう人がなぜこだわったのであろうか。

そこには貫之が愛娘（次女か？）を土佐で亡くしたことが大きく関係しているはず、と研究者は説く。日記の中で作者（貫之）は、わが子を亡くした辛さや嘆きを随所に吐露《とろ》しており、貫之がいかにその娘を溺愛していたかがわかるという。たとえば、日記の中にこんな歌が収録されている。

世の中に思ひやれども子を恋ふる　思ひにまさる思ひなきかな

「思ひ」を三度も重ねたところに親の切ないまでの心情がよく表れている。

貫之は、愛娘を亡くした悲しみを書き留めておきたいと考えたが、普段仕事で使う四角張った漢文ではその悲しみを十分に表現できない。ここは女文字とも呼ばれ

◉平安時代に登場した主な女流文学

『蜻蛉《かげろう》日記』 藤原道綱母（本名は不詳）／974年ごろ

最初の女流日記文学。夫である藤原兼家との結婚生活や兼家のもうひとりの妻との確執などを回想する。

『和泉式部日記』 和泉式部／1008年ごろ

贈答歌147首を中心とした歌日記。平安女性の情熱的な恋が率直に描かれている。作者は別人説もある。

『枕草子』 清少納言／平安中期

天皇の妻に仕えた女性による世界最古のエッセイ集。日常生活や四季の自然など多彩な内容がつづられる。

『源氏物語』 紫式部／平安中期

主人公の光源氏を通して、恋愛、栄光と没落、権力闘争など平安時代の貴族社会を赤裸々に描写した長編物語。

『更級《さらしな》日記』 菅原道真を先祖に持つ菅原孝標《たかすえ》女／平安中期

少女時代から夫に死なれるまでの約40年間の回想記。平安時代中期の下級貴族の娘の生活記録としても貴重。

『栄花《えいが》物語』 不詳／正編は1030年ごろ、続編は1092年ごろ

女性に読んでもらう史書を目指し仮名で物語風に貴族社会の歴史を書いたことでは評価が高い。

『堤中納言《つつみちゅうなごん》物語』 不詳／平安後期

短編物語集で現代でも違和感がないほど完成度が高い。作者は作品ごとに異なるという説もある。

る仮名文字で心情を素直に表現してみよう、と思い立ったのではないだろうか。

和歌というのは平安時代になるとそれまでの漢字一辺倒から男も女も仮名で記すようになっていたが、むろん歌人でもあった貫之は仮名も得意にしていたので、そう考えたとしてもまったく不思議はなかったのである。そして、仮名文字を使って書く以上、作者を女性に設定したほうがより辻褄《つじつま》が合うと考え、「男もすなる……」となったのだという。これが、女性に仮託して平仮名で書いた真相であろう。

◇

今日、『土佐日記』の貫之自筆の原本は現存していない。鎌倉時代までは京都・蓮華王院《れんげおういん》（三十三間堂のこと）に原本が収蔵されていたが、室町時代に八代将軍・足利義政《よしまさ》の手に渡り、その後行方不明となった。写本としては鎌倉時代に藤原定家《ふじわらのていか》などによって筆写された四系統が今に伝わっている。

いずれにしろ、紀貫之が『土佐日記』を書いたことで、自分の心情を散文で自由に表現する道が拓《ひら》け、のちの『蜻蛉日記《かげろう》』の作者である藤原道綱《みちつな》母をはじめ、和泉式部や清少納言、紫式部などによる平安の女流文学が大きく開花する転機となったことは疑いのない事実である。

家康にとって幕府を開くのは「江戸」でなければならなかった理由

▼秀吉、家康に対し関東への移封を命じる

豊臣秀吉《とよとみひでよし》が天下統一事業の総仕上げとして、小田原の後北条《ごほうじょう》氏の攻略に成功したのは、天正十八年（一五九〇年）七月のことである。このとき小田原攻めに加わっていた徳川家康《とくがわいえやす》に対し、秀吉がこんな言葉で関東への移封《いほう》（国替え）を命じたという。

「関東を貴殿に与える代わりに、それまでの貴殿の領地はもらう。この小田原は東国支配の重要地であるから、家臣の中から信頼できる者を選んで守らせ、貴殿は江戸に本城を築かれるのがよろしかろう」

家康は、この言葉を聞いて愕然《がくぜん》としたに違いない。江戸といえば、三河《みかわ》や遠江《とおとうみ》を本拠とする家康にとって、政治・経済の中心である京大坂から遠ざかるばかりか、当時の江戸は葦《あし》の生い茂る低湿地帯がどこまでも広がり、わずかに寒村・寒漁村が点在するだけの未開の地であったからだ。

このときの秀吉の命令は断固たるものではなく、家康にはこの小田原、または鎌倉のいずれかに本拠を置くこともできたという。しかし家康は、小田原や鎌倉がすでに十分な都市機能を備えているにもかかわらず、それらには目もくれず、秀吉の命令どおり江戸に本拠を移すこととする。

一体、なぜ家康はこのとき江戸を選んだのであろうか。本稿ではそのあたりの謎について迫ってみたいと思う。

▼影響力の低下は否めず

秀吉が家康に対し関東への移封を命じた時点で家康は、三河、遠江、駿河《するが》、信濃《しなの》、甲斐《かい》の五カ国を領する実力者であった。それを召し上げ、替わりに後北条氏の旧領であった関東八カ国（武蔵、伊豆、相模、上野《こうずけ》、上総《かずさ》、下総《しもうさ》、下野《しもつけ》、常陸《ひたち》）を与えようというのである。

確かに石高《こくだか》だけを見れば百五十万石から二百五十万石へと大幅に増えることになるので家康の面目は立つのだが、中央から遠ざけられることによる影響力の低下は否めなかった。

秀吉がそうまでして家康を自分のそばから遠ざけたかったのは、家康が自分に匹敵する実力者だけに、「いつかこの男に寝首をかかれるかもしれない」と怖れたからにほかならない。おそらく秀吉は、剣呑《けんのん》な敵対者《ライバル》を少しでも遠くへ追いやり、その隙《すき》に豊臣政権を盤石なものにしたいと考えたのであろう。

家康が関東への移封を命じられたとき、家康の大方の家臣たちは、ご主君は小田原か鎌倉のどちらかを本拠と定めるに違いないと読んでいた。小田原は後北条氏の本拠地として長く栄えており、今回の小田原攻めにおいても城自体はほとんど無傷であったのも好材料だった。

一方、鎌倉はかつて鎌倉幕府が置かれており、武士にとっては「聖地」のような場所だった。小田原か鎌倉か、家臣たちが注目するなか、家康が選んだのは、まさかの江戸であった。

▼江戸の町づくりに勝算あり

このときの家康の決断に対し、家臣たちは一様に驚愕《きょうがく》した。家臣の一人の石川正西《しょうさい》が著した『聞見集《ぶんけんしゅう》』には、「どうしてそんな所にと、誰もが手を打って驚いた」とある。

前述したように当時の江戸は低湿地帯が多いごく辺鄙《へんぴ》な土地で、そんな土地に新たに城や町をつくるのは至難のわざであると誰もが考えたのである。

しかし、家康の考えは違っていた。小田原も鎌倉も山に囲まれており、敵に攻め込まれにくい半面、そのことが都市としての発展を阻害していると見たのである。その点、関東平野のまん中に位置する江戸は海に面しているうえに関東に幾筋も流れる川の終着点でもあった。

物資を運搬するのにこれほど都合がよい土地もなかったのだ。大坂の発展を見るまでもなく物資の流通が都市の発展に直結すると考えていた家康は、これまで氾濫《はんらん》を繰り返すため厄介《やっかい》このうえないと思われていた江戸の河川さえ制することができれば勝算はある、とにらんだのであった。

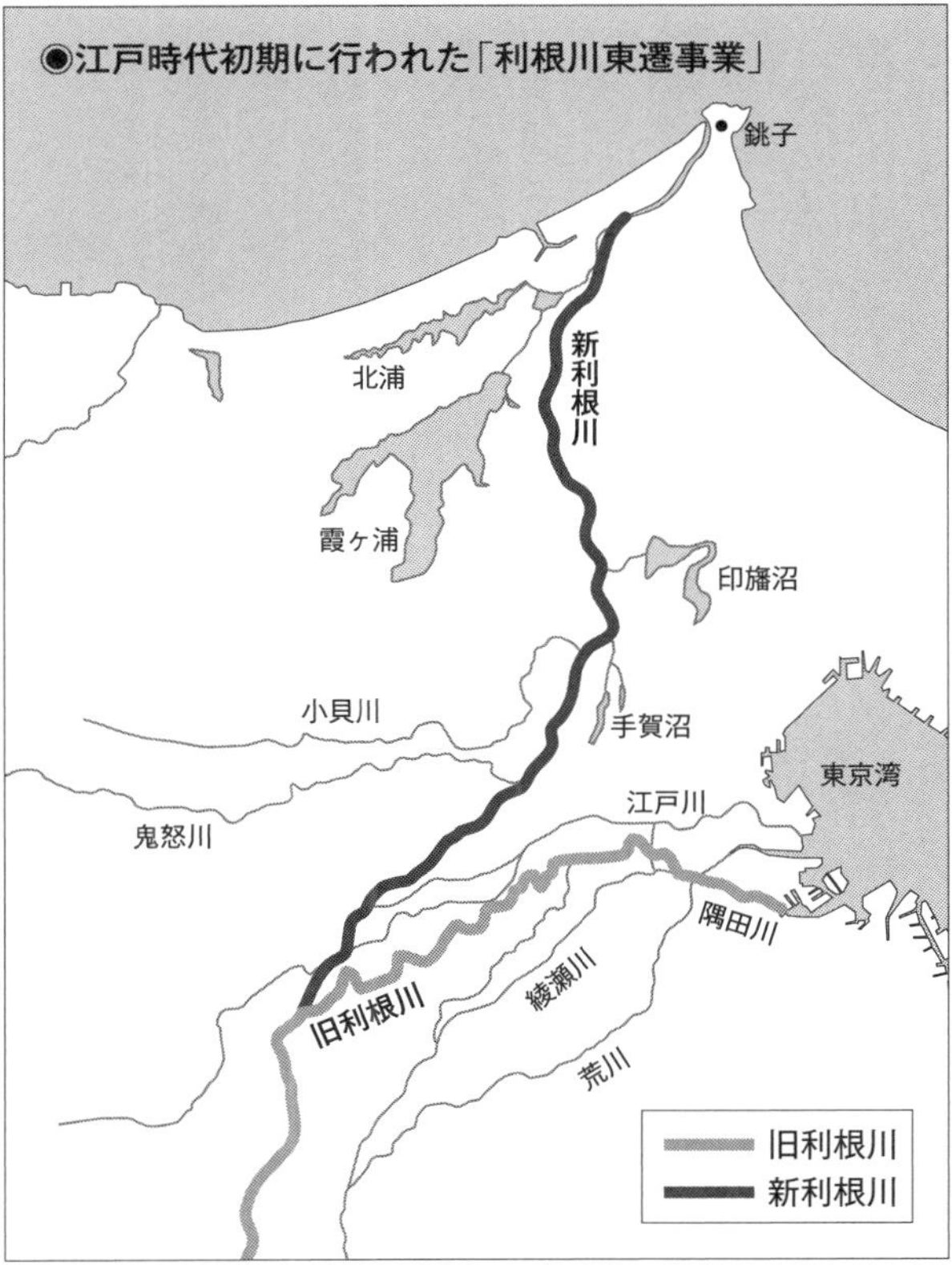

徳川家康は江戸開府とともに江戸湾（東京湾）に流れていた利根川水系の治水に着手し、洪水地帯を農耕地に変え、水運路の強化を図った。その治水と開拓の責任者だったのが、家康の重臣で信玄堤など武田流の土木技術を習得していた伊奈氏である。

こうした目論見のもと江戸に入った家康は、当時は粗末な城であった江戸城の改築工事から着手した。必要な建築資材は、城から江戸湾まで水路を建造し、その水路を利用して搬入した。

同時に城下町を建設するため今日の皇居付近まで食い込んでいた海の埋め立てにも乗り出した。駿河台の南端にあった神田山を切り崩し、その土を充《あ》てた。このとき埋め立てられたのが現在の日比谷公園や新橋周辺である。

▼天下普請が都市化を加速

家康は文禄三年（一五九四年）には、当時江戸市中にたびたび洪水被害をもたらしていた利根川の付け替え工事にも乗り出す。当時は江戸湾に流れ込んでいた利根川の流れを太平洋に面した銚子へと移すというかつてない大工事で、これを三十一年もの歳月をかけて完成させている。

この利根川の付け替え工事は、江戸における洪水被害を防いで湿地帯を農作地に適した土地に変えるばかりか、江戸と太平洋とが直結することになるため利根川を水運の大動脈として機能させられるという利点もあった。

家康は慶長五年（一六〇〇年）の関ヶ原の戦いに勝利すると、諸大名に河川改修や上下水道、道路、掘割運河などの「インフラ整備」を命じた。世にいう「天下普請《てんかぶしん》」の発令である。

これには諸大名の経済力を削《そ》ぐ目論見もあったという。諸大名は家康に忠誠心を示すため、それこそ死にもの狂いで工事にあたったようである。

こうして江戸の都市化が着々と進むなか、家康は元和《げんな》二年（一六一六年）にその生涯を閉じた。おそらく最晩年の家康は、百年、二百年先を見据えて江戸を本拠地とすることに決めた自らの判断に満足を覚えていたに違いない。

江戸の初期に太平洋を船で横断した京都商人の話

▼咸臨丸から遡ること二百五十年前に太平洋を横断

「咸臨丸《かんりんまる》」といえば、幕末期（安政七年＝一八六〇年）に太平洋を横断した日本初の軍艦として有名だ。乗船者の中に、のちに幕府側の代表として江戸城明け渡しの大任を果たすことになる勝海舟《かつかいしゅう》や、「天ハ人ノ上ニ人ヲ造ラズ…」の福沢諭吉《ふくざわゆきち》がいたことでもよく知られている。

この勝海舟や福沢諭吉のことを、漂流によって結果的に北米に渡ったジョン万次郎を除けば、自らの意志でアメリカ大陸に渡った初の日本人と思っている人がいるかもしれないが、実は違う。

咸臨丸の太平洋横断から遡ることちょうど二百五十年前、当時の権力者・徳川《とくがわ》家康《いえやす》の密命を受け、太平洋を横断してメキシコ（この時代はスペイン領、日本では「ノビスパン」の名で呼んだ）に渡った日本人がいた。名を田中勝介《たなかしょうすけ》（勝助とも）という。京都の商人である。

田中勝介――初めてこの名前を聞く人も多いことだろう。一体、京都でどんな商売をしていて、なぜ一介の商人でありながら家康からメキシコに渡ることを要請されたのであろうか。そして、帰国後、どんな人生を歩んだのであろうか。そんな謎多き商人・田中勝介の足跡を追った。

▼京都の裕福な商人だった勝介

実は、田中勝介については来歴を記した史料がほとんど残っておらず、生没年すらわかっていない。そこで、第三者が残したわずかな史料から田中勝介の人となりや太平洋横断の快挙を追跡していくことにする。

田中勝介は戦国末期、京都で商売をしていた。海外貿易に携わっていたらしく、京都でもかなり裕福な部類に入る商人だった。そんな彼らは後世、ごく普通の商人と区別するため「上層町衆」と呼ばれることになる。

当時、この上層町衆の中でも京都の経済と文化の担い手として最上位に君臨していたのが、「京の三長者」こと茶屋《ちゃや》家・後藤《ごとう》家・角倉《すみくら》家であった。この三家は、豊臣《とよとみ》秀吉《ひでよし》と次の家康も奨励した朱印船《しゅいんせん》貿易で巨万の利を得た人たちで、田中勝介はそんな三長者に続く第二グループにいたものとみられている。

勝介が、家康の要請にこたえてメキシコへと旅立ったのは、関ヶ原の戦いから十年後の慶長十五年（一六一〇年）六月十三日のことである。このころの家康は将軍職こそ五年前に息子秀忠《ひでただ》に譲っていたが、隠然たる力は健在で、来たるべき豊臣方との最終決戦に向けて着々と準備を進めていたのだった。

勝介がなぜメキシコ行きを要請されたかといえば、前年の慶長十四年七月に起きた、スペイン船サン・フランシスコ号の座礁《ざしょう》事件にそもそも端を発していた。

▼日本製の西洋式帆船でメキシコへ

スペイン人ドン・ロドリゴが、フィリピン総督の任期を果たし東回りでメキシコを経由してスペインへ帰国しようと太平洋に乗り出した矢先、船が現在の千葉・勝浦にほど近い岩和田沖で座礁してしまったのである。

家康は秀吉が亡くなってすぐのころから、スペインとの国交樹立を念願していた。スペイン人宣教師を必要以上に保護したことがなによりの証《あかし》だ。スペイン人は太平洋を横断するだけの航海術や造船技術、さらに鉱山開発技術にも長《た》けていることを宣教師から聞いており、その技術を何とかして日本に移入したいと考えていたのだ。そこへ偶然にも、サン・フランシスコ号の座礁事件があり、家康は一も二もなくロドリゴ一行の帰国に手を貸すことにしたのだった。

ちょうどこのころ、これまた都合がよいことに、家康が海外貿易のためにウィリアム・アダムス（三浦按針《あんじん》）に命じて伊豆国伊東で建造させた西洋式帆船が完成したところで、その船でロドリゴをメキシコまで送り届けることにしたのである。

同帆船は百二十トン級で、「サン・ブエナ・ベントゥーラ号（日本名・按針丸）」と名付けられていた。浦賀湊《みなと》を出発したときには日本人二十二人が同乗しており、その代表者が、田中勝介であった。勝介は家康から、ある密命を与えられていたという。

日本国の代表者として家康のお眼鏡にかない、しかも生きて帰国できるかどうかもわからない大冒険を引き受けたくらいだから、このときの勝介はおそらく三十〜四十代の壮年期であったに違いない。

▼最新の銀精錬技術を学びにメキシコへ

そんな勝介が家康から授かった密命とは、銀の精錬技術や職人の移入だった。この江戸時代初期というのは銀が日本の主要な輸出品で、同様に世界有数の銀産出国であったメキシコではスペイン人が持ち込んだ最新の精錬法「水銀アマルガム法」によって大量の銀を産出していた。そこで、どうにかしてその技術を学び取ろうとしたのである。

当時の日本では銀の精錬に「灰吹き法」が用いられていた。銀鉱石を砕いて鉛と一緒に熱して合金をつくり、その合金を、灰を敷いた鍋で再度熱することで鉛だけが灰にしみ込み、最後に銀が残るという方法だ。一方、水銀アマルガム法とは細かく砕いた銀鉱石に水銀を混ぜ、熱することで水銀のみを蒸発させて銀を取り出す方法だ。灰吹き法よりもはるかに簡単に、しかも大量の銀を得ることができた。

この銀精錬に、勝介の商売が大きく関係していた。実は勝介の店は屋号を「朱屋」

と号した。朱は水銀を意味することから、勝介は主に水銀を扱う商人で、その縁で家康からこのたびのメキシコ行きを打診されたものと考えられている。

▼交渉が失敗したことを家康に報告

ところが勝介は、メキシコに半年ほど滞在し、スペイン側と交渉を続けたようだが、互いの利害が一致せず、最新の精錬法を学ぶことも技術者を招へいすることも不首尾に終わる。そこで仕方なく、答礼使ビスカイノを伴って日本に帰国することに。無事に浦賀湊に戻ったのは出発した翌年の慶長十六年四月二十九日のことで、のべ十一カ月間足らずの旅だった。日本に向かう船中での勝介の様子について、ビスカイノは次のように記録している。

「首領（勝介のこと）は善良で尊敬される日本人だった。航海中、われわれに少しも迷惑をかけることはなかった。それゆえ自分の食卓に招待することもよくあった」

帰国後、勝介は駿府城にいた家康に面会し、メキシコとの交渉が失敗したことを報告し、同時にビスカイノを家康に引き合わせている。このとき、勝介は旅の土産として葡萄酒《ぶどうしゅ》と羅紗《らしゃ》を、ビスカイノは置き時計を家康に献上している。この置き時計は現存する最古の置き時計（久能山東照宮博物館蔵）と言われている。

勝介が帰国して二年後の慶長十八年（一六一三年）九月、家康の意を受けた伊達《だて》政宗《まさむね》が、メキシコやスペインとの通商を目的に、家臣の支倉常長《はせくらつねなが》をメキシコ経由でスペインに派遣している。いわゆる「慶長遣欧《けんおう》使節団」である。したがって、公式には支倉常長が太平洋を横断した二番目の日本人ということになる。

▼幕府の鎖国政策で交易が断たれる

この支倉常長の使節団も、結果的に通商交渉は不首尾に終わっている。これは、江戸幕府がキリスト教禁止政策を強めたことが原因だった。江戸幕府はスペインに対したんに交易を求めていたのに対し、スペイン政府はキリスト教の布教と交易は表裏一体と考えていたため、両者の間に埋めきれない溝が生じてしまったのである。

しかも、元和《げんな》二年（一六一六年）四月に家康が没すると、いよいよキリスト教に対する幕府の締め付けが厳しくなり、諸外国との交易もほぼ断たれることになった。鎖国政策の始まりである。

歴史に「もしも」は禁句だが、江戸幕府が家康時代と同様、諸外国との交易を続けていたなら、その後の日本はどう変わっていただろうか。江戸の人々の暮らしのあらゆる面で西洋化が進み、武士が幅を利かせる封建社会が実際よりもずっと早く終焉《しゅうえん》を迎えていたことは間違いないだろう。

それはともかく、田中勝介のその後だが、消息を伝える史料がなく、彼本人のことも店のことも、どうなったかまったくわからない。史料が残っていないのは、それまで裕福だった京都の上層町衆が、元禄期を転機として大名貸しによる経済破綻が起こり、急速に没落したからであった。

徳川家康が生きた時代、密命を果たすことは不首尾に終わったとはいえ命を懸けて太平洋を横断した一人の京商人がいたことをわれわれは記憶にとどめておきたい。

名寺社奉行・脇坂安董が関わった二つの事件の顚末は？

▼町奉行に比べ地味なイメージ

江戸時代の「名奉行」といえば、八代将軍徳川吉宗《よしむね》の政治を支えた大岡越前守《えちぜんのかみ》や遠山の金さんこと遠山景元《かげもと》がよく知られている。少し詳しい人なら、敗訴した者すら納得させるほどの理に適《かな》った裁きで名奉行とうたわれた板倉勝重《かつしげ》、「慶安の変(由井正雪の乱)」や「明暦の大火」で活躍した石谷貞清《いしがやさだきよ》、シーボルト事件の取り調べに当たった筒井政憲《まさのり》……などの名前をあげることだろう。

しかし、これらはすべて「町奉行」だった人たちだ。江戸幕府の中には様々な奉行職が存在した。それら奉行職の中でトップに君臨するのが、いわゆる「三奉行」

で、町奉行もその一つだ。町奉行は、現代でいえば警察署長、東京消防署長、裁判所長、郵便局長、さらに東京都知事をも一人でこなす、大変な激務だった。

三奉行のもう一つが、勘定奉行である。これは字面からもわかるように、幕府の財政全般をつかさどった。よくわからないのが、最後に残った寺社奉行である。こちらも字面から、全国の寺社を支配したことは何となく察せられるが、前段の町奉行と比べれば地味なイメージをぬぐえない。寺社奉行とは具体的にどんな仕事をしていたのか、よほどの歴史好きでなければご存じないはずだ。

そこで本稿では、江戸時代の寺社奉行のしくみや仕事内容について簡単に述べてみたいと思う。後半では、江戸時代の歴代の寺社奉行の中でも「名奉行」の呼び声が高かった人物の功績についてもふれてみよう。

▼三奉行の中で厳然とあった序列

三奉行はいずれも幕府の重職だが、三つのなかで序列があるのをご存じだろうか。そう、最上位は寺社奉行なのだ。それが証拠に、寺社奉行は有能な譜代《ふだい》大名（関ヶ原以前から徳川氏の家来だった大名）の中から任命されたが、町・勘定両奉行は主に上級旗本（旗本は将軍直属の臣で知行高一万石未満、御目見《おめみえ》以上の者）から選抜された。

しかも寺社奉行は将軍直属で奏者番《そうじゃばん》（将軍と大名をつなぐ連絡係で、幕府の出世コースの第一歩）を兼任していたのに対し、町・勘定両奉行は老中所轄《しょかつ》にすぎなかった。また、寺社奉行から幕府の最高権力者である老中にまでのぼりつめることはあっても、町奉行や勘定奉行の経験者が老中の座に就くことはあり得なかった。

ちなみに町奉行と勘定奉行の序列だが、一般的には同格とみられていたが、それでも厳然とした格の違いはあった。江戸城本丸に、三奉行や大目付など幕府の重職が詰める「芙蓉《ふよう》の間」（襖《ふすま》絵に芙蓉と小鳥が描かれていたところから命名）という五十五畳敷きの座敷があったのだが、ここでは、寺社奉行→町奉行→勘定奉行の席順だった。勘定奉行が町奉行よりも格下とされたのは、「武士にとって銭金《ぜにかね》は卑しむべきもの」という当時の独特の価値観に支配されていたからであろう。

当初、寺社奉行の定員は定められていなかったが、万治元年（一六五八年）から、奏者番の中から四名が選ばれ兼任するのが慣例となった。役宅は自宅を使用した。

▼相撲や芝居の興行の許可まで与える

さて、肝心の寺社奉行の仕事だが、全国の寺社を支配し僧侶や神職を管理するだけでなく、門前町民や社寺領民をも管理し、さらにそこからあがってくる訴訟《そしょう》を受理・裁決するのが主なものだった。訴訟の内容だが、村人同士の民事トラブルや村と村との紛争に関するもの、村役人の不正に関するもの、年貢《ねんぐ》・諸負担の軽減・免除に関するもの、開墾《かいこん》・灌漑《かんがい》工事に関する願い事……などなど多岐に及んだ。

江戸時代、寺には庶民の戸籍代わりになる「寺請証文《てらうけしょうもん》」というものがあり、寺は現代の役所のような住民管理業務も担っていた。その寺を寺社奉行が管理していたことから、婚姻や移住の管理、通行手形の発行など現代の法務省に近い仕事まで寺社奉行がこなしていたのである。

面白いのは、相撲や芝居、富くじなどの興行許可も寺社奉行から出ていたことだ。当時、寺社の境内でこうした興行がよく行われていたからである。また、囲碁将棋の家元たちも寺社奉行の管轄下にあった。これは当時、それぞれの家元たちが身分上、僧籍にあったからである。

この多忙極まりない寺社奉行にあって、そのトップとして三十年近くも奉行職を務めた江戸時代屈指の能吏《のうり》がいる。それこそが、これから紹介する脇坂安董《わきさかやすただ》である。

▼浄土真宗の教義をめぐる一大紛争

脇坂安董は、戦国史ファンにはおなじみの「賤ヶ岳《しずがたけ》の七本槍」で知られる脇坂安治《やすはる》を先祖に持つ播磨国《はりま》（兵庫県南西部）龍野《たつの》藩の第八代藩主である。外様《とざま》（関ヶ原後徳川氏に臣従した大名のこと）でありながら、十一代将軍徳川家斉《いえなり》の目にとまり、二十四の若さで奏者番となり、翌年に寺社奉行を兼務したほどの才人だ。

脇坂は四十七歳でいったん職を退《しりぞ》くが、十六年後の六十三歳のとき、周囲から担ぎ上げられる形で寺社奉行に復帰する。その七年後、職を辞してかわりに西の丸老中格に昇進し、正式に譜代大名となる。寺社奉行の職にあった期間はなんとのべ二十九年間にもなる。外様から登用されたことといい、この長い在職期間といい、まさに異例ずくめだった。

脇坂は寺社奉行在職中に、二つの大きな事件とかかわっていた。一つは「三業惑乱《さんごうわくらん》」と呼ばれる事件だ。これは、浄土真宗本願寺派の教義をめぐって発生した、全国の僧侶・門徒を巻き込んでの一大紛争だった。当初幕府は、浄土真宗に限らず各教団の宗旨や教義には容喙《ようかい》しない態度をとっていたのだが、かつての一向一揆を思わせる不穏な状況になりつつあったため、やむなく脇坂に事態の収束を図るよう命じた。

仏教にも詳しかった脇坂は、教義をめぐって分裂した古義派、新義派の両派の言い分を丁寧に聞き取り、その結果、大本である西本願寺に対し、宗門不取締の咎《とが》ありとして「百日間の閉門」を命じた。

▼女密偵まで送り込む

これは大方の予想よりも軽い処分だった。宗門の教義をめぐる争いというので、あえて処分を軽くしたのだが、この脇坂の裁定によって紛争が収まったのだから、これはこれで名裁きであると幕閣でも評価が高かったという。このとき文化三年（一八〇六年）、脇坂三十九歳であった。

脇坂が寺社奉行在職中にかかわったもう一つの大きな事件とは、「三業惑乱」の裁定の三年前に起こった「延命院事件《えんめいいんじけん》」である。これは当時谷中《やなか》にあった「延命院」という寺の住職・日潤《にちじゅん》（日道とも呼ばれた、あるいは日潤と日道、二人の僧侶が引き起こした、など異説あり）が、加持祈祷《かじきとう》を受けるために寺にやってきた多数の大奥女中と密通を重ねていたという女犯醜聞《にょぼんスキャンダル》事件である。

日潤は歌舞伎役者・初代尾上《おのえ》菊五郎の隠し子と噂されたくらいだから男前で法話もうまく、大奥女中たちの参籠《さんろう》が絶えなかった。のちの調べで判明したところでは、日潤と関係を結んだ大奥女中は六十人もいたという。

脇坂はこの言語道断の女犯僧を摘発するために家臣の娘を女密偵にしたて、寺に送り込むということまでやっている。まるで、小説やドラマの「鬼平犯科帳」さながらの捜査ぶりだ。しかも、摘発の当日、自ら寺に踏み込んだというから、まさに鬼平そのものではないか。享和三年（一八〇三年）五月二十六日のことだ。

その約二カ月後に日潤は死刑に処されたが、日潤と関係を結んだ大奥女中のほうは二名が罰せられただけであとは不問に付された。さすがの幕閣の重職たちも女の魔窟——大奥が持つ隠然たる力を怖れたのである。

◇

天保十二年（一八四一年）閏《うるう》一月二十三日、脇坂安董は老中在職中に亡くなった。享年七十四。外様出身でありながら、奏者番、寺社奉行、老中と幕閣のなかでエリート街道を突っ走ってきた脇坂にとって一片の悔いもない生涯だったに違いない。

「お家断絶」の憂き目にあった大名たちをめぐる物語　その1

▼二代将軍秀忠以降、百三十四家が改易に

改易《かいえき》――所領や家禄・屋敷を没収すること。江戸時代の刑では蟄居《ちっきょ》より重く、切腹より軽い（『広辞苑　第七版』より）。改易とは改め易《か》えるの意味で、除封《じょほう》とも呼ばれた。徳川家康《とくがわいえやす》が開いた江戸幕府は、初代家康から十五代将軍徳川慶喜《よしのぶ》まで、ざっと二百六十年間存続したのはご存じのとおり。しかし、この二百六十年間で実に多くの大名家が改易処分に遭っていたことはご存じだろうか。

『歴史読本　2014年1月号　特集江戸大名失敗の研究』（KADOKAWA）に収録された「江戸時代　廃絶（除封）・減封　大名一覧」によると、二代将軍徳

川秀忠《ひでただ》から十五代慶喜まで、なんと百八十一家もの大名家が改易に遭っていることがわかった。もちろん初代家康の時代だけでも改易処分に遭った大名は百十家と多いのだが、こちらはごく一部の例外を除いて関ヶ原の敗戦によって取り潰《つぶ》された外様《とざま》大名ばかりなので、本稿では秀忠以降の改易について述べることにする。

秀忠以降に改易に遭った百八十一家のうち、やはり外様大名は百三家と大半を占める。残りの七十八家は徳川氏と縁が深い親藩《しんぱん》・譜代《ふだい》大名である。この百八十一家の大名たちは一体どんな理由で取り潰されたのだろうか。史料の中から様々なケースを拾ってみることにしよう。

▼「幕法違反」と「無嗣絶家」が表向きの理由

改易処分を受けた場合、大名自身は城と領地を没収され、最悪、切腹になる場合もあったが（「赤穂事件」の浅野長矩《ながのり》など）、大抵は親類筋の藩に預けられ、蟄居の境遇に甘んじた。家臣の多くも禄《ろく》を失って浪人となった。また、改易処分を受けても、のちに大名本人や子孫・一族の者が小大名や旗本に取り立てられる例も珍しくなかった。

秀忠以降の十四人の将軍で、改易件数が多いのは秀忠（在位十八年）と次の三代家光《いえみつ》（同二十八年）が双璧で、二人とも五十家を超えていた（秀忠五十五家、家光五十三家）。改易理由だが、前出の『歴史読本』によれば、「幕法違反」と「無嗣《むし》絶家」の文字が目立つ。これはこの時代、幕藩体制が固まったとはまだ言いきれず、旧豊臣《とよとみ》系大名の存在を怖れ、一つでも多く潰してしまおうと幕府が考えたからにほかならない。

したがって、表向きの改易理由は何でもよかった。たとえば豊臣秀吉《ひでよし》の股肱《ここう》の臣にして「賤ケ岳《しずがたけ》の七本槍」でも知られた外様の福島正則《まさのり》の場合、安芸《あき》広島藩五十万石の太守だったころに、秀忠から減封処分を受けていた。元和五年（一六一九年）のことで、台風の被害を受けた広島城を幕府に無断で修繕したというのがその理由だった。

その後、正則は信濃《しなの》高井野藩四万五千石に減転封となるのだが、家光時代の寛永元年（一六二四年）になり、正則が亡くなると、幕府の検使が到着する前に家臣が勝手に正則の遺体を荼毘《だび》に付したことを咎《とが》められ、これが元和五年のときと同様幕法違反に当たるとして福島家は改易に遭ってしまう。まさに、なにが何でも取り潰さずにはおかないという幕府の強固な意志を感じさせる処分といえた。

▼大名廃絶政策によって浪人があふれる

改易理由で幕法違反よりもはるかに多いのが無嗣絶家である。当時は跡継ぎを幕府に届けておく決まりがあり、藩主が跡継ぎを決める前に病気や事故で急死した場合、罪の対象になった。また、末期養子《まつごようし》といって、藩主が危篤状態になってから養子を願い出ることも禁止とされていた。

こうした跡継ぎ問題で改易になった大名家は、秀忠時代は五十五家のうち二十二家、家光時代は五十三家のうち三十五家もあった。つまりこの秀忠・家光時代の改易理由のほぼ半数が跡継ぎがらみだったわけである。

ところが四代将軍家綱《いえつな》（在位二十九年）の時代となり、末期養子に関しては緩和の方向に向かう。これは、家康・秀忠・家光と三代にわたって、主に外様大名を狙い撃ちにした厳しい大名廃絶政策がとられたために、禄を失った浪人が大量に生まれることになり、その結果、「慶安《けいあん》の変（由井正雪《ゆいしょうせつ》の乱）」に代表されるように、社会に不穏な空気が蔓延《まんえん》するようになったからである。

四代家綱の時代に改易に遭った大名家は二十五家を数える。秀忠・家光時代と比べ、数はぐんと減ったものの、この家綱以降、大名廃絶政策の矛先《ほこさき》は譜代大名にも遠慮なく向けられるようになる。二十五家のうち十家までが譜代である。理由はやはり無嗣絶家が多い。こののち譜代大名も安閑《あんかん》としていられなくなるのであった。

◇

「生類憐《しょうるいあわ》れみの令」で知られる五代綱吉《つなよし》（在位二十九年）の時代、改易された大名は三十一家である。次の六代家宣《いえのぶ》からはガクンと減り、十五代慶喜まで二ケタを超えることはなかった。最高でも八代吉宗《よしむね》（同二十九年）時代の七家である。

六代家宣から慶喜まで十人の将軍に改易された大名は全部足しても十七家にとどまる。十代家治《いえはる》、十二代家慶《いえよし》、十三代家定《いえさだ》、十五代慶喜の四人の将軍に至っては一家も改易大名を出していない。このように幕府の大名廃絶政策が猛威を振るったのは五代綱吉までだった。これは、江戸も中期に入ると諸大名はすっかり骨抜きになっており、もはや強権政治を行う必要がなくなったからであろう。

さて、秀忠以降の改易に遭った諸大名のその改易理由を詳しく述べるつもりでいたのだが、この項では枚数が尽きてしまった。具体的事例は次項に譲りたい。

「お家断絶」の憂き目にあった大名たちをめぐる物語　その2

▼家康の忠臣でありながら…

江戸時代、それも二代将軍秀忠《ひでただ》以降に幕府から改易《かいえき》処分を受けた大名についてざっと概略を先述したが、ここでは改易理由の具体的な事例をいくつか取り上げてみたいと思う。

二代秀忠から最後の将軍・十五代慶喜《よしのぶ》まで、のべ百八十一の大名家が取り潰《つぶ》しに遭《あ》っていたことは先述のとおりだが、やはり百八十一家もあると、同情を禁じ得ないかわいそうな理由や、それは自業自得だろうと言いたくなる理由など、実に多彩だ。さっそく始めてみよう。

まず、天野康景《あまのやすかげ》の例から。徳川家康《とくがわいえやす》の幼少期に小姓《こしょう》を務めていたこともある天野は、家康の人生で三大危難の一つとされる「神君伊賀越え」でも扈従《こじゅう》した、家康の信頼厚い家臣の一人である。そんな天野は関ヶ原後、六十六歳のときに一万石を与えられ、駿河《するが》国興国寺の藩主となる。これは、それまでの忠勤に報いるために家康から贈られた褒美《ほうび》のようなものだった。

慶長十二年（一六〇七年）、自領で蓄えていた竹や材木が夜ごと盗まれるという事件が起きる。そこで天野は足軽に命じて見張りをさせたところ、そうとも知らず盗人がまたも現れたので、足軽は刀を抜いて盗人を殺傷してしまう。

▼一族郎党を引き連れ城地を出奔

天野にとって不幸だったのは、盗人が天領《てんりょう》（幕府の直轄領）に住む村人たちだったことだ。彼らは天領であることを笠に着て、盗難事件は濡れ衣だと騒ぎたて、斬った足軽を差し出せと代官所を通じて矢の催促をしてくる始末。事件を知った家康はただちに腹心の本多正純《まさずみ》を天野のもとに派遣した。本多正純は天野に面会するや、「理由はどうであれ、ご公儀の権威を守るため、ここは下手人を代官に引き渡してもらいたい」と申し出たところ、天野は、「実に理不尽な話である。罪もない足軽をどうして差し出せようか」と、いったんは拒絶したものの、「自分がここで我を張り続けてはご公儀の意向にそむくことにもなる」と考え、悩んだあげく一族郎党を引き連れ、城地を出奔《しゅっぽん》したのであった。のちにこの行為が幕法違反にあたるとして天野は譜代《ふだい》大名でありながら改易となった。

家康は幼少期、五歳上の天野を兄のように慕っていただけに、息子秀忠から天野の処分について相談を受けたときは、さすがの家康も私情に流されるか、それとも為政者《いせいしゃ》として非情の裁定を下すか、葛藤《かっとう》があったことは間違いないだろう。

天野康景が改易になった同じ年（慶長十二年＝一六〇七年）、二人の外様大名が同時に改易に処されている。その二人とは、美濃《みの》国清水藩主の稲葉通重《みちしげ》と山城国御牧《みまき》藩主の津田信成《のぶなり》である。

▼家康の実の子までが改易に

慶長十二年六月二十四日、二人は連れ立って京都・祇園《ぎおん》で茶屋遊びをしたのだが、そのとき商家の女房や娘ら七〜八人を強引に茶屋に引き入れており、女たちに無理やり酒を飲ませたり、女たちの従者を刀で脅《おど》したりして面白がったという。

このときの乱暴狼藉《ろうぜき》が幕府の知るところとなり、その年の暮れに両人とも改易となった。二人はもともと豊臣恩顧《おんこ》の者で、心ならずも関ヶ原の戦いでは徳川方に加担したため日々自責の念を募らせていた。その鬱屈《うっくつ》した思いが暴発してこのたびの愚行に走らせたのであろう。

元和《げんな》二年（一六一六年）には、越後国高田藩主の松平忠輝《ただてる》が改易になっている。松平忠輝といえば家康の六男（庶子＝妾腹《しょうふく》の子）にして、二代将軍秀忠の弟でもある。そんな一門中の一門の忠輝がなぜ改易に遭ったのだろうか。

忠輝という人は、誕生したときから父の家康に疎《うと》んじられていた。成長してもそれは変わらず、家康から「鬼っ子」と呼ばれることさえあった。家康がなぜこの忠輝を嫌ったのか――性格が粗暴で素行が改まらなかったから、などいくつかの説が出ているが今も確かなことはわかっていない。

元和二年四月、そんな忠輝が二十五歳のとき、父家康が死去する。同年七月、忠輝は兄秀忠から「不行跡」を理由に改易を命じられ、伊勢に流罪となる。その後、諏訪《すわ》に預け替えとなり、なんと亡くなる九十二歳までそこで幽閉生活を送っている。

▼旧豊臣系の両輪が相次いで…

三代将軍家光《いえみつ》の時代になると、やはり加藤忠広《ただひろ》の改易が目をひく。加藤忠広といえば、かつては福島正則《まさのり》と共に豊臣軍団の武闘派を代表する存在だった加藤清正《きよまさ》の子で、清正の跡を継いで肥後《ひご》国熊本藩二代目藩主にもなった人物である。

そんな外様大名を代表する忠広が幕府から改易を命じられたのは、寛永九年（一六三二年）五月のことだった。このとき忠広三十二歳。

改易の理由としては諸説ある。藩内に家臣団同士の内紛が絶えず、若い忠広には統率力がないと判断されたから、嫡男光広《ちゃくなんみつひろ》が諸大名の名前と花押《かおう》を記した、幕府の転覆をうかがわせる偽《にせ》の連判状を作って遊んだから、などの説があがっているが、どの説も決め手に欠けるという。

いずれにしろ、寛永元年に福島正則、そしてこの寛永九年に加藤家と、幕府は旧豊臣系の武闘派の両輪をこうして葬《ほうむ》り去ることに成功したのであった。

三代家光時代の改易で忘れてならない大名がもう一人いた。それは肥前《ひぜん》国島原藩の松倉勝家《かついえ》である。歴史ファンには寛永十四年（一六三七年）に起こった島原の乱の原因をつくった男として有名だ。父の松倉重政《しげまさ》は豊臣家の直臣《じきしん》でありながら、関ヶ原の戦いではいちはやく徳川家康に味方した人物として知られている。

▼墓穴を掘っても税金を取られる

大坂の陣後、島原を与えられた重政は、自分が外様《とざま》であるという負い目があるため、幕府に気に入られようと領国経営に必死に頑張った。いや、頑張り過ぎたと言ってよいだろう。領民の中からキリシタンを探し出しては徹底的に弾圧し、年貢を納められない領民も次々に摘発し、残忍な方法で拷問や処刑を繰り返した。

寛永七年（一六三〇年）、この重政の急死をうけて島原藩二代目藩主となったのが、重政の嫡男・勝家である。勝家は父重政以上の圧政を敷いたひどい殿様で、たとえば領民の暮らしの様々なものに税金を課した。子どもが生まれたら人頭税、死んで墓を掘ったら墓穴税といった具合。それが払えないと容赦なく牢にぶち込んだ。

年貢が払えないと、そこの家の娘や子どもを人質にとり、蓑《みの》を着せて火をつけ、熱さでもがき苦しむ様子を眺めて悦に入るという何とも嗜虐的《サディスティック》な殿様で、またあるときは庄屋の女房を人質にとり、身重にもかかわらず素裸に剥《む》いて水牢に放り込み、そこで絶命させている。ここに至り、領民たちの鬱憤は爆発。ついに彼らは蜂《ほう》起《き》し、代官所の一つを襲撃する。この事件が島原の乱の発端となった。

乱が終結すると、幕府は松倉勝家の失政を重く見て、ただちに勝家に改易を命じた。そして身柄を江戸に護送すると、武士に与えられた最後の名誉ともいえる切腹さえ許さず、斬首刑に処したのである。こうして江戸時代を通じて勝家は斬首刑を受けた唯一の大名となった。

▼なぜ殿様自身が脱藩を？

「最後の改易大名」と呼ばれる殿様が幕末にいた。その人物とは上総《かずさ》国請《じょう》西《ざい》藩の林忠崇《ただたか》で、れっきとした譜代大名である。林家は一万石の小大名だったが、徳川氏の遠祖とも関係が深い格別の家柄であった。忠崇自身、文武両道に秀《ひい》でており、将来の幕閣の一翼を担う俊英と期待されていた。

忠崇は叔父で二代目藩主の忠交《ただかた》の急死により、二十歳の若さで三代目藩主となる。慶応三年（一八六七年）六月のことだ。同年十月、十五代将軍慶喜によって大政奉還がなされ、翌慶応四年一月に鳥羽伏見の戦いで戊辰《ぼしん》戦争の幕が切って落とされると、忠崇の請西藩はいちはやく旧幕府軍支持を表明する。

ところが、このままでは領民を戦火に巻き込んでしまうことを懸念した忠崇は、驚くべき行動に出る。なんと志を同じくする藩士七十人余を引き連れ脱藩したのである。

藩主自らが脱藩するなど江戸幕府始まって以来の珍事であった。城を立ち去る日には、忠崇の領民思いの情け深さと潔い態度に感激し、ほとんどの領民が沿道に出て土下座し、涙に咽《むせ》びながら一行を見送ったと伝わる。

その後、忠崇らは箱根や東北各地を転戦して新政府軍と激戦を繰り広げた。忠崇が降伏したのは仙台にいたときで、徳川家の存続が適《かな》うらしいという報を受け取ったことで、ようやく矛《ほこ》を納める決心をしたのだった。

▼昭和十六年まで生きていた「最後の大名」

忠崇が脱藩した時点で新政府は、その行為を政府に対する反逆とみなし、忠崇を改易処分にしている。したがって江戸幕府から下された処分ではないものの、大名としては最後の改易であったことに変わりはない。

忠崇は明治五年に赦免《しゃめん》が適うが、地位も財産もすっかり失っており、家族を食べさせるために開拓農民や下級役人、商家の番頭までやった。新政府に楯突いたことが災いし、条件の良いところに就職することができなかったのである。

明治二十六年、周囲の運動もあって忠崇は華族に列した。しかし、生活は相変わらず困窮していたらしい。晩年は次女との二人暮らしで、なんと昭和十六年一月まで生きたことがわかっている。亡くなったのは次女が経営するアパートだった。文字どおり、「最後の改易大名」は「最後の大名」でもあったのだ。没年は満九十二。

赤穂浪士に討ち取られた吉良上野介の首はどうなった？

▼泉岳寺の亡君の墓前に供えられる

日本の歴史をぐるりと見回して、「史上最高の悪役」は誰かと問われれば、多くの人が「忠臣蔵」――「赤穂《あこう》事件」で敵役《かたきやく》となった吉良《きら》上野介《こうずけのすけ》の名前をいの一番にあげるだろう。

本稿ではそんな史上最高の悪役、吉良上野介をめぐる謎の一つで、上野介の「首の行方」について述べてみたい。

上野介は、大石内蔵助良雄《おおいしくらのすけよしお》ら旧赤穂藩の家臣（いわゆる四十七士）に屋敷を襲撃され、首を取られたことはご存じのとおり。その後、首は大石らによって亡君浅野《あさの》内匠頭長矩《たくみのかみながのり》の霊が眠る高輪の泉岳寺《せんがくじ》まで運ばれ、内匠頭の墓前に供えられたことも、これまたご存じであろう。

では、それから上野介の首はどうなったのだろうか。泉岳寺の片隅にでも葬られたのだろうか——。

▼ジョギング程度の速足で駆け抜ける？

火事装束に身を固めた大石ら赤穂浪士が、本所の吉良邸に討ち入ったのは、今からざっと三百年前の元禄十五年十二月十四日（一七〇三年一月三十日）寅《とら》の上刻とされている。

寅の上刻とは、現代では午前四時少し前の時間である。その後、赤穂側と吉良側の両者入り乱れての激闘ののち、上野介は台所そばの炭小屋に潜んでいたところを浪士たちに発見され、大石の面前まで引き据えられたのち、即座に首を刎《は》ねられた。

大石は上野介の首を、上野介が着ていた白小袖から切り取った袖に包んで槍先に括《く》りつけ、それを浪士の一人に掲げさせると、意気揚々と吉良邸を後にしたのだった。それは朝まだきの午前六時ごろのことだという。

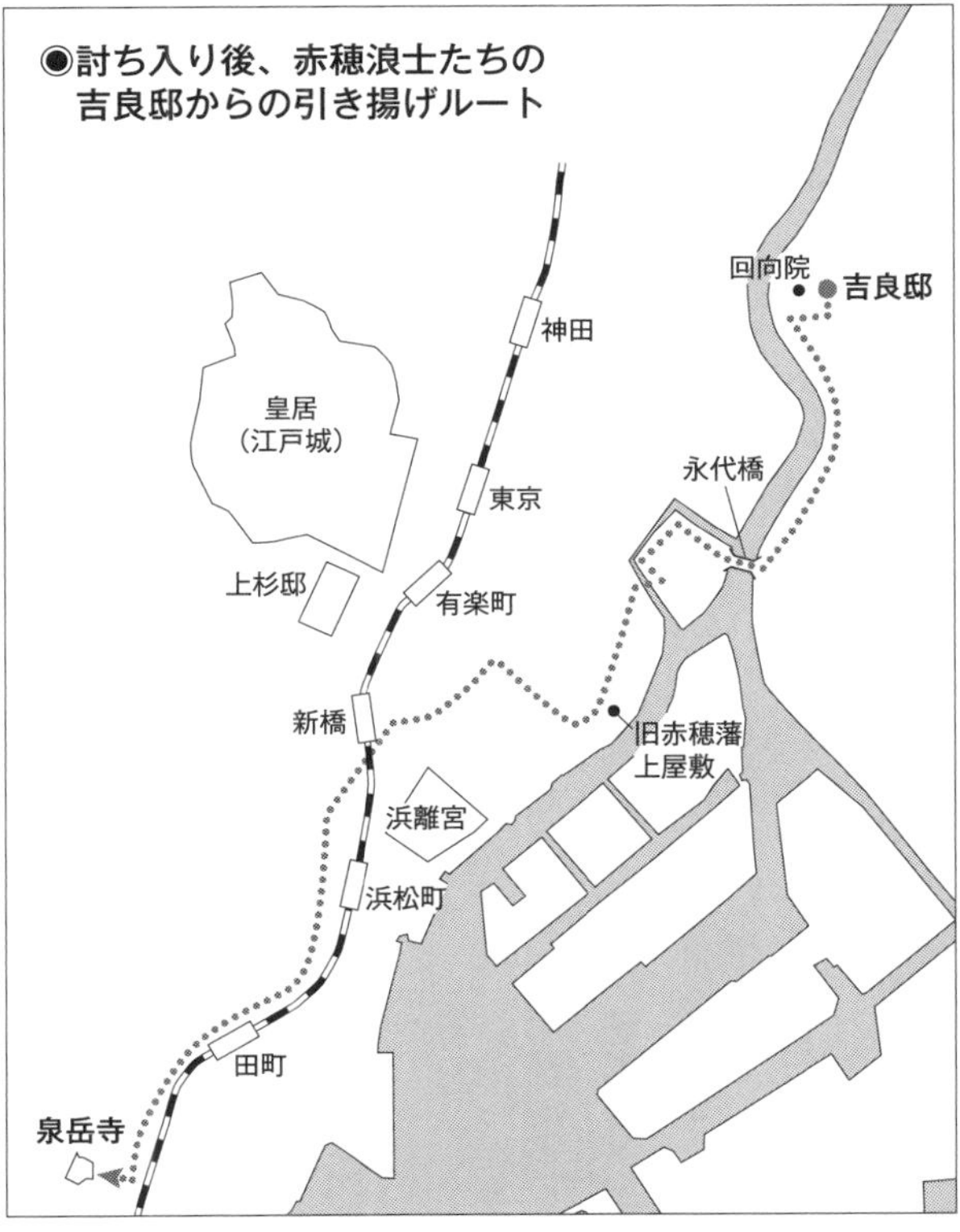

本所にある吉良邸から高輪泉岳寺まで、吉良の首級を提げて行進した赤穂浪士一行。隅田川の流れに沿って南下し、永代橋を渡ったとされる（当時の永代橋は現在のものより百数十メートル上流にあった）。途中の旧赤穂藩の上屋敷は約9000坪あったとされ、現在の聖路加病院はその屋敷跡の一部である。

本所から高輪泉岳寺までの総距離は大体十二～十三キロメートル。このときの引き揚げ行程を現在の地名で解説すると、回向院《えこういん》前から隅田川の東側を永代橋まで下り、橋を渡って新川、築地、東銀座、汐留《しおどめ》を通り、浜松町手前で第一京浜（旧東海道）に出て、それ以降は東海道を高輪に向かう――というルートである。午前八時ごろには泉岳寺門前に到着したというから、二時間程度で踏破したことになる。この記録が正しいとするなら、ジョギング程度の速足で駆け抜けたことになる。

▼酒の肴ならここにある

大石ら一行は泉岳寺に到着して門番に案内を乞うと、門番は思わず腰を抜かしてしまったという。それはそうだ、火事装束に身を固めた異様な風体《ふうてい》の五十人余りの男たちが手に手に槍や長刀《なぎなた》を引っ提げて集まっていたのだから、驚くなと言うほうが無理というものだった。寺側では前代未聞の出来事に境内に入れてよいものか対応に苦慮したが、大石ら一行はその返事を待つまでもなく亡君の墓前に進むと勝手に焼香を始めてしまったという。

墓前には近くの井戸で洗った上野介の首と共に内匠頭の遺品の小刀も供えられた。

そして焼香した者が順番にその小刀を鞘《さや》から抜いて上野介の首に三度当てるという不思議な動作を繰り返した。この「儀式」の意味は、大石らは上野介を内匠頭の前に引き連れてきただけであって、内匠頭が自らの手で上野介を討って恨《うら》みをすすいだ――という形をとるためであったと考えられている。

その後、上野介の首は寺側からもらい受けた、それまで重箱が入っていた外箱に収められ、終日衆寮《しゅりょう》（僧が居住する寮舎）に安置されていたという。焼香をすませた大石らはこの衆寮で寺から粥《かゆ》の接待を受けている。酒もふるまわれたが、このとき「酒の肴《さかな》は何もありませんが」と言われ、すかさず浪士の一人が上野介の首が入った箱をさして「肴ならここにある」と言ったという話が伝わっている。

翌日になり、上野介の首は吉良側に返してよいという幕府の裁定がおりる。寺側ではさっそく首が入った箱を小者に持たせると、その日のうちに二人の僧を使者として吉良邸に向かわせた。

▼血の匂いが充満する屋敷内

吉良側では裃《かみしも》姿で威儀を正した武士や足軽たち数十人の家来が平伏して主人の

首を迎えた。彼らは討ち入りの際、逃げ隠れして助かった人たちだ。二人の使僧は座敷に通されると、請取証文《うけとりしょうもん》を用意するまで、ここで暫時《ざんじ》休息していてほしいと言われ、湯漬けをふるまわれる。

ところが、その湯漬けはとてものこと喉を通らなかった。なぜなら、討ち入りの惨劇を如実に物語るように血の匂いが屋敷内に充満していたからだ。使僧が給仕に出た者に恐る恐るそのことを尋ねると、「血の跡を拭き清めるどころか、討ち死にした亡骸《なきがら》もまだ片付けられていないありさまなのです」そう答えたという。これはおそらく幕府の検使がまだ到着していなかったからであろう。

このときの吉良家の家老二人（左右田《そうだ》孫兵衛と斎藤宮内《くない》）の署名が入った、「首一ケ　右之通慥《たしか》ニ請取申候」という証文は現存する。

その後の上野介の首だが、屋敷に残っていた胴体と縫い合わされ、吉良家菩提寺《ぼだいじ》である牛込の萬昌院《ばんしょういん》（現在は東京・中野に移転）に埋葬された。縫合手術を引き受けたのは栗崎道有《くりさきどうう》という蘭方医。上野介が江戸城内で浅野内匠頭に斬りつけられた際、上野介の治療を行ったのもこの人である。とにもかくにも、史上最高の悪役・吉良上野介の首はここにようやく安住の地を得たのだった。

第4章

現代に遺された〝痕跡〟から真実に迫る新視点

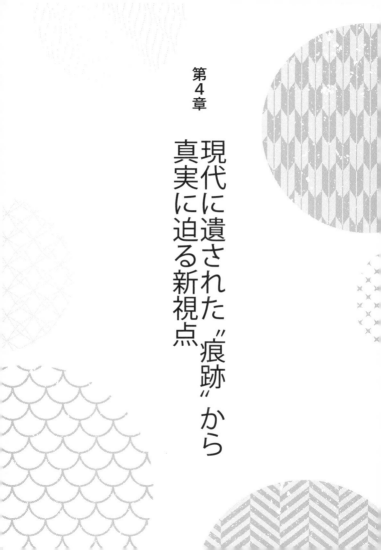

漢委奴国王の金印発見をめぐる〝噂〟の真相は？

▼国宝の栄えある第一号

　歴史の教科書ならまず例外なく写真が掲載されている金ピカに輝く印鑑がある。通称「金印」だ。印面に彫られた文字は「漢委奴国王《かんのわのなのこくおう》」。これこそ後漢の光武帝《こうぶてい》が建武中元二年（西暦五七年）、倭《わ》の奴国《なこく》の国王に授けたと中国の歴史書『後漢書《ごかんじょ》・東夷伝《とういでん》』に記載された金印だ。その後行方不明となり、江戸時代に現在の福岡県・志賀島《しかのしま》の水田から一農民によって偶然発見され、ようやく日の目を見ることができたのであった。

　昭和六年（一九三一年）三月には、「国宝」の栄えある第一号に指定されている。

印面は一辺が二・三センチ強のほぼ正方形で、重量は約百九グラム。蛍光X線分析によると金の含有度は純金に近い九五・一パーセント。ほかに銀や銅などを含む。これは他の後漢代の金製品と一致する組成という。つまみ部分は、蛇が頭をもたげて振り返ったところを模したものと考えられている。おそらく日本人に最も知られた印鑑であることに誰しも異論を挟まないであろうが、近年、この金印をめぐって様々な謎が表面化しているのをご存じだろうか。

謎の第一番は、金印は本当に志賀島から出土したのか、別の場所ではなかったのか、という疑いだ。国宝の第一号にけちをつけることにもなりかねない疑問だが、よくよく調べてみると、江戸時代に農民が発見したいきさつには謎が多いことがわかった。学会を二分する邪馬台国《やまたいこく》論争において「北部九州説」を裏付ける有力な物証とも言われているこの金印だが、はたして本当に志賀島から出たものなのだろうか――。

▼儒学者の鑑定結果

さっそく金印が発見された時代にタイムスリップしてみよう。

江戸後期の天明四年（一七八四年）の春、玄界灘を臨む志賀島の水田で農作業中だった農民・甚兵衛《じんべえ》が、側溝を削っていて大きな石に突き当たった。それを金梃子《かなてこ》で取り除こうとすると、すき間になにやら光るものがある。

拾い上げると、金色に輝く印鑑だった。周囲には金印以外、お宝や遺構のたぐいは一切無かったという。

その後金印は、庄屋から郡《こおり》奉行を介して福岡藩へと献上される。藩では藩校甘棠館《かんとうかん》の館主で儒学者、亀井南冥《なんめい》に鑑定させると、南冥は、

「これこそ光武帝が奴国王に授けた王印に間違いない」

と太鼓判を押したため、即刻藩庫の奥深くにしまわれることになった。

金印は福岡藩主黒田家に代々伝えられ、明治維新後に黒田家から東京国立博物館に寄託された。その後、昭和五十三年（一九七八年）、福岡市美術館の開設に伴い、黒田家から福岡市に寄贈され、平成二年（一九九〇年）から現在の福岡市博物館で保管・展示されるようになった。

この金印発見の逸話のどこに矛盾があるかというと、なんといっても金印が単独で発見されたことだ。古代のこうした遺物（お宝）が発見された場合、ほかの様々

◉伊都国と奴国の位置関係

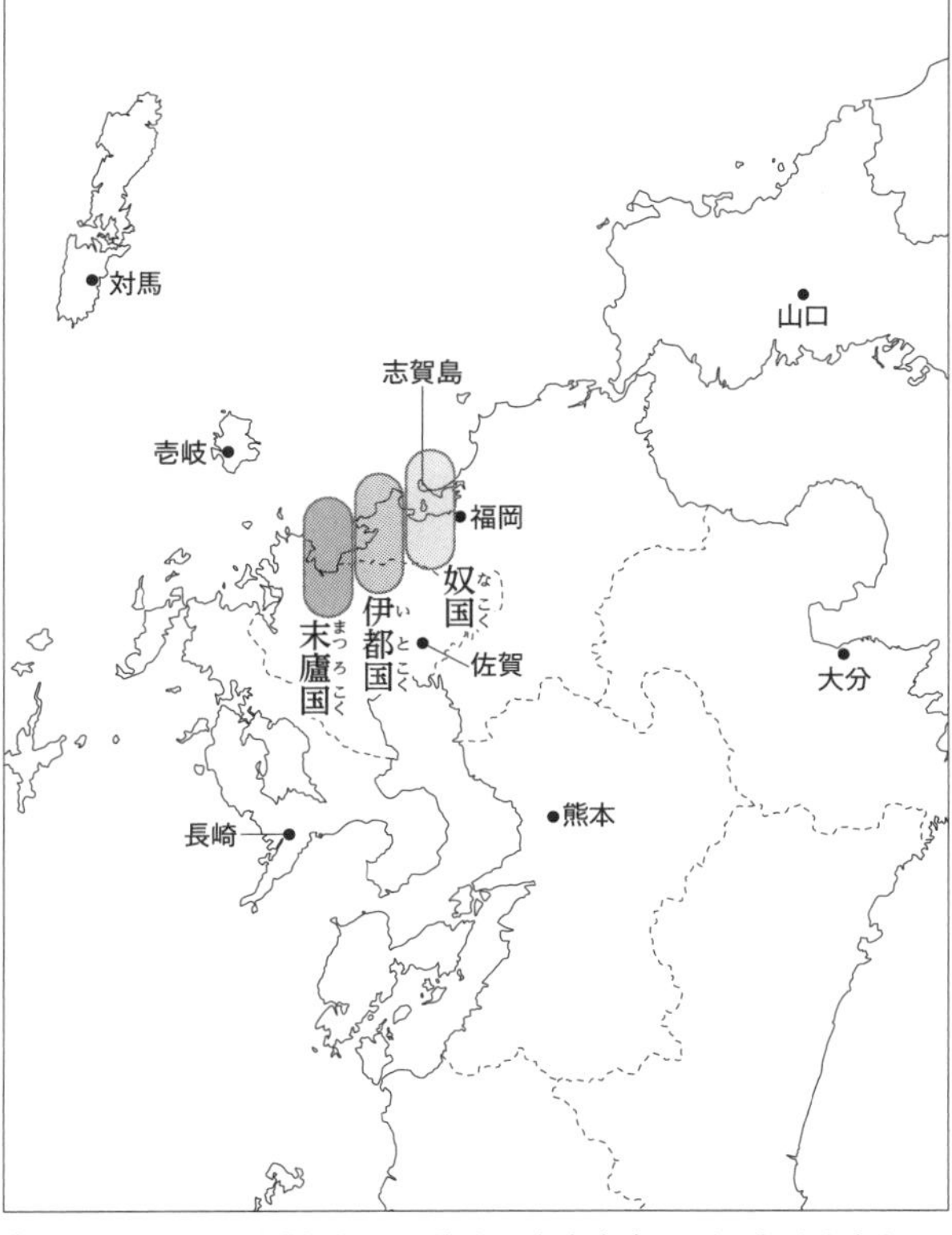

『魏志倭人伝』に、「伊都国に着く。東南方向に百里行くと奴国に至る……」と記述された当時の北部九州の様子。金印が発見された志賀島は当時、奴国に属していた。

な貴重品や遺構も一緒にみつかる例がほとんどで、王印ほどの貴重品が単独でみつかることはまず考えられないという。

▼何者かが金印を志賀島に埋めなおした？

後漢時代、志賀島は奴国に属しており、この奴国の西方に伊都国《いと》が隣接していた。「魏志倭人伝」の中で、「伊都国に着く。東南方向に百里行くと奴国に至る……」と記された、あの奴国と伊都国である。

その伊都国には井原鑓溝遺跡《いわらやりみぞ》（福岡県糸島市井原）という名の伊都国の王族の墳墓とされる遺跡が伝わっているが、実はこの遺跡が発見されたのは志賀島で金印がみつかる一年前（天明三年）のことだった。

井原鑓溝遺跡も農作業中の農民が発見したもので、銅鏡や刀剣などお宝がザクザクと出てきている。周辺の農民はそうしたお宝にわれ先に群がり、勝手にくすねていったという。

その一年後に、実にタイミングよく甚兵衛が金印を発見したことから、当時の人々は、「あれは井原村の遺跡で盗み出され、あとで何者かが志賀島に埋めなおしたものに違いない」と噂しあったことが、同時代の国学者・青柳種信《たねのぶ》の著書『柳園古《りゅうえんこ》器略考《きりゃくこう》』に記録されている。当時の人々も、金印ほどのお宝が単独でみつかることはあり得ないと考えていたのである。

この、「あとで何者かが志賀島に埋めなおしたものに違いない」という当時の人々の噂話を補強する説を唱える現代の研究者も少なくない。大阪芸術大学の久米雅雄客員教授もその一人。

▼金印を授けるなら相手は伊都国の王が妥当

久米氏はまず金印に彫られた「委」という文字に注目する。なぜ倭人の「倭」ではなく、人偏《にんべん》がない「委」が用いられているのか。

従来の通説では、たんに人偏を省略しただけと考えられてきたが、中国は漢字を生んだ国だけに政府が正式に造らせた印鑑に、省略文字を採用することはあり得ない、と久米氏は説く。

さらに、「漢の委の奴の国王」という読み方もあり得ないものだという。これでは漢（宗主国）＋委（民族名）＋奴国（国名）＋王（官号）となってしまうが、民族名と国名が一緒に入った印鑑はこれまで皆無だという。そこで、ここは漢（宗主国）＋委奴国《いとこく》（国名）＋王（官号）と分け、「漢の委奴国の王」と読むのが正しいと説く。

さらに、「魏志倭人伝」によれば、奴国には王の存在をうかがわせる記述はないものの、伊都国には複数の王がいたことが記述され、伊都国が強大な国であったことをしのばせるという。したがって、光武帝が印鑑を授けるなら、奴国よりも伊都国の王に授けるのが妥当だと久米氏は断言する。

この久米氏の「埋めなおし」説に対し、委奴国を「いとこく」と読むのは無理がある、など反対意見があることも確か。今後の発掘調査の進展を待ちたいところだ。

▼金印発見の真相は永遠に闇の彼方へ

実は、この志賀島での金印発見という事件のウラには、当時、藩内で学者としての立場を危うくしていた亀井南冥の自作自演劇だったという説もある。南冥はのちに全国の学者仲間や知人たちに金印発見をしらせる手紙を出しているが、金印発見は自分の手柄であると吹聴したかったのだろう。南冥を疑う研究者の中には、彼が職人を使ってひそかに金印を偽造させたのではないか、とまで考える人もいるという。

しかし、金印発見から数年後、南冥は突然甘棠館の学長を解任され、さらに自宅から火が出て焼死してしまう。その後、もう一人の当事者である甚兵衛も不幸に見舞われ、こちらも自宅の火災をきっかけに消息不明となった。

もしかしたら、南冥も甚兵衛も何者とも知れない黒幕に操られただけだったのかもしれないが、当事者が連続で謎の死を遂げ、金印発見の真相は永遠に闇に葬られてしまったのである。

徳川家の家紋が「三つ葉葵」になるまでの知られざる経緯

▼世界に誇るべき日本固有の文化

かつて地上波のTBSテレビで放映されていた「水戸黄門」シリーズを毎週楽しみにしていた方も多いだろう。ドラマのクライマックスは何といっても、三つ葉葵《あおい》の家紋入りの印籠《いんろう》が格さん（渥美格之進）から出され、悪党どもが「へへーッ」と地べたに這《は》いつくばる場面に尽きよう。

あるとき番組の制作サイドが、「いい加減、この展開も飽きたから、一度くらい印籠を出さないでやってみようじゃないか」と提案し、印籠を一度も出さない回を放映したところ、放送終了後、視聴者から「なぜ印籠を出さない」「消化不良で寝られない」などのクレームが相次いだという。このことがあって、マンネリと言われようが何と言われようが、黄門さまの印籠シーンは絶対にカットしない方針に決まったという。

ところで、このドラマのお陰で、数多《あまた》ある家紋の中でも徳川氏の三つ葉葵が最も有名になったことは間違いないが、なぜ徳川氏の家紋は三つ葉葵なのか疑問に思ったことはないだろうか。そもそも「三つ葉葵」という植物はこの地上に存在しないのだ。徳川家康は一体、この三つ葉葵の家紋にどんな思いを込めたのだろうか。

本稿では、世界に誇るべき日本固有の文化である家紋の成り立ちや発展の歴史について解説しながら、徳川氏の三つ葉葵の謎について迫っていこう。

▼牛車を識別するための車紋がルーツ？

そもそも家紋は現在いくつの種類が確認されているのだろうか。研究者によると、ざっと六千種類を数え、その細かい違いまで含めると二万種類を超えるという。読者の皆さんもそれぞれ先祖代々の家紋をお持ちのことだろう。

一体、いつの時代に誕生したかというと、平安時代後期に公家たちのマイカーである牛車《ぎっしゃ》に施された「車紋《しゃもん》」がルーツという説のほかに、平安時代末期のいわゆる「源平藤橘《げんぺいとうきつ》」の有力氏族たちが地方に移り住んだ際、同族の者と区別を図るために用いるようになったという説、鎌倉時代初期に武家が戦場で自分を目立たせるために固有のシンボルマークを旗幕などにあしらうようになり、それが基になったという説もあり、このうちどれが正しいかはわかっていない。

しかし、牛車の車紋がルーツというのは、ちょっと面白い。『源氏物語』にも葵祭の見物に出かけた牛車同士が、場所取りに押し合いへし合いする様子が描写されているが、確かに似たような牛車ばかりだと識別には苦労したはずだ。現代の混雑する観光地の駐車場と同じである。

そんなとき、車体に独自の装飾やシンボルマークが施されていれば、すぐに見つけられるというものである。江戸中期の儒学者、新井白石《あらいはくせき》などはこの車紋こそが家紋の始まりであると著書『紳書《しんしょ》』に書き残している。

この家紋、もともと公家から始まったのか、それとも武家から始まったのかは定かでないものの、鎌倉時代に入って武家の間で急速に広まったことだけは確かである。

▼江戸時代になると家紋はより実用的に

鎌倉時代とは戦《いくさ》の多い時代だった。そんな時代にあって、戦場で味方の誰よりも勇猛に働き、大将にその働きを認めてもらうことが武士のすべてだった。そのため、前述したように独自のシンボルマークを陣幕や指物《さしもの》、甲冑《かっちゅう》などにあしらい、己の存在を周囲に知らしめたのである。やがてそれが、普段の衣服や身の回りの持ち物などにも広がり、「家紋の日常化」が進行していった。

室町時代を経て戦国時代に突入すると、同族同士で争うことが増えたため、同じ家紋を嫌って新しい意匠《いしょう》の家紋が急激に増加した。特にこの時代、主君から新しい家紋を下賜《かし》されることが、姓氏や刀剣を賜《たまわ》るのと同様、武士にとってはたいへんな名誉であった。したがって、功のあった武士ほど複数の家紋を持っていたという。

江戸時代に入り、戦がなくなると家紋の持つ意味も変化し、家の格式を周囲に示したり、相手の身分を確認するためなど、ごく実用的な目的で用いられた。参勤交代で行われる大名行列では、どこの何藩の殿さまかが家紋を見ただけでわかった。また、大名・旗本の紳士録『武鑑《ぶかん》』でも、家紋は必ず記入されていた。

家紋が庶民の間に広まったのもこの江戸時代で、身分制度には厳しかった幕府も、家紋に関しては特に規制を設けなかったことがその要因だった。豪農と呼ばれる富裕な農家をはじめ、職人や商人の間でも、家紋は家や一族、店などの格式や信用度を知らしめるための標識として広まっていき、それが今日に至っているわけである。

▼家康の先祖の家紋は葵ではなかった?

さて、徳川氏の葵紋についてだが、『日本家紋大鑑』(能坂利雄編、新人物往来社)には、葵紋と呼ばれる家紋が七十種類も掲載されている。「立ち葵」「丸に一つ葵」「割り葵」など様々な葵紋があり、いわゆる三つ葉葵と呼ばれる「徳川葵」もその一つ。この徳川葵が徳川氏宗家の家紋だが、徳川御三家の尾州家、紀州家、水戸家の家紋も宗家の紋と酷似しており、葉脈や芯の数など細部までよく確認しないと一見しただけではそれぞれの区別は難しい。また、会津松平家や越前松平家などの親藩《しんぱん》大名(徳川氏と縁が深い大名)も三つ葉葵とよく似た家紋が採用されている。

もともと徳川氏が三つ葉葵紋を採用した由来だが、『柳営秘鑑《りゅうえいひかん》』の「葵之御紋来由《あおいのごもんらいゆ》」によれば、松平氏三代の松平信光《まつだいらのぶみつ》(家康から数えて七代前)がいざ合戦の際、重臣の酒井氏忠《さかいうじただ》が丸盆に葵の葉を三枚敷き、それぞれに熨斗鮑《のしあわび》、栗、昆布を盛ったものを前に差し出した。いわば出陣の前の縁起担ぎである。そのお陰か合戦は勝利を収めることができた。このときの縁起担ぎが基になり、五代松平長親《ながちか》のときに三つ葉葵紋を松平氏の家紋の一つに採用したのだという。

しかし、この三つ葉葵、しばらくは松平氏の主たる家紋——定紋ではなかったようである。それが証拠に、家康の父広忠《ひろただ》の墓には、三枚の銀杏《いちょう》の葉と三本の剣を組み合わせた「剣銀杏紋《けんいちょうもん》」が刻まれているという。

▼戦国武将に愛された野草たち

葵紋を家の定紋として使うようになったのはおそらく家康の代からであろう。豊橋の賀茂《かも》神社の神紋《しんもん》（神社にとっての家紋のようなもの）が双葉葵《ふたばあおい》で、この神社は三河武士たちの崇敬《すうけい》を集めていたことから、家康は主従の結束を図るために葵紋を定紋に採用したのではないだろうか。

双葉葵という家紋は文字どおり双つ葉のフタバアオイ（ウマノスズクサ科）という名の多年草を基に図案化されたもので、このフタバアオイ自体、アオイ科の植物ではない。山林に生える、いたって地味な野草で、葉はハート形。晩春に一センチ程度の小さな茶褐色の花を咲かせるが、地面に向かってうつむいて咲くのも、これまた地味だ。しかし、ときに雨風に晒《さら》され、ときに雪に埋もれ、ときに夏の強い日差しに灼《や》かれても、葉は年中青々としたきれいな色を保つ不思議な野草でもある。

この家康に限らず、地味な植物を家紋に採用する戦国武将は少なくない。日本の家紋に用いられる十大紋「鷹《たか》の羽、橘《たちばな》、柏《かしわ》、藤《ふじ》、沢瀉《おもだか》、茗荷《みょうが》、桐《きり》、蔦《つた》、木瓜《もっこう》、片喰《かたばみ》」のうち、沢瀉と片喰はありふれた野草だが、なぜかどちらも武将に人気が高かった。たとえば、沢瀉紋は豊臣秀次《ひでつぐ》、福島正則《まさのり》、毛利元就《もとなり》らが愛用し、片喰紋は長宗我部元親《もとちか》、宇喜多秀家《ひでいえ》、酒井重忠《しげただ》らが用いていた。

おそらくこれらの武将も家康も、野草が持つ地味だが他に抜きんでた生命力の強さに一種の畏敬の念や憧《あこが》れを覚え、自分もかくありたいと家紋に採用したのであろう。戦国武将たちの家紋はその人生観や人間性までもしのばせて興味が尽きない。

家紋に刻まれた戦国武将たちの意外な素顔とは？

▼武将の人間性を反映したのが家紋

今回も戦国武将の家紋について述べることにする。先の徳川家康《とくがわいえやす》の三つ葉葵紋《あおいもん》について語った項で、戦国武将たちの家紋は、その武将の人生観や人間性を反映したものである――などと述べた手前、家康以外の武将たちの家紋についても触れておく必要があるだろう。

家康のように重い荷物を背負ってゆっくりゆっくり坂を上っていった武将、とつぜん天から降ってきた幸運をものにして功成り名を遂げた武将、実力を持ちながら前面に出ることなく生涯を黒子に徹した武将、自由奔放《ほんぽう》に戦場から戦場を渡り歩いた槍一筋の武将……などなど様々なタイプの戦国武将がいるが、彼らはそれぞれどんな家紋を愛用していたのだろうか。以下では、家紋から見えてくる戦国武将たちの素顔に迫ってみた。

▼爆死した松永久秀の家紋とは？

乱世の梟雄《きょうゆう》（残忍で猛々《たけだけ》しい人）といったら、やはりこの人。あの織田信長《おだのぶなが》を二度も裏切った松永弾正久秀《まつながだんじょうひさひで》である。NHK大河ドラマ「麒麟がくる」では吉田鋼太郎の存在感のある演技でもおなじみのことだろう。

松永久秀が梟雄と言われる所以《ゆえん》は、信長が評したように「人がやれないことを三つもやってのけた男」だからだ。すなわち、ときの将軍・足利義輝《あしかがよしてる》を誅《ちゅう》し、恩義のある三好《みよし》家を滅ぼし、東大寺の大仏を焼き打ちするという三大暴挙を重ねていたのだ。信長を一度裏切って赦《ゆる》されるが、さすがに二度目の裏切りは信長も赦さなかった。

進退窮《きわ》まった久秀は居城（大和《やまと》の信貴山《しぎさん》城）に籠《こ》もると、信長にとっては垂涎《すいぜん》の的であった名物茶釜・平蜘蛛《ひらぐも》をかき抱いて爆死するという壮絶な最期を遂げたことでもよく知られている。

そんな久秀の家紋はどんなものかと調べてみると、これがまさにキャラクターどおりの家紋で、思わず噴き出してしまった。その家紋とは、十大紋の一つの蔦紋《つたもん》である。蔦の語源だが、ほかの木々に這《は》い伝って寄生しながら成長するところからきているという。

自分では立たずに、ほかの木々に絡《から》みついてそこから養分をもらって成長するのだから、これほど省エネなこともない。この生命力にあやかろうと家紋にしたのであろう。

三好長慶《ながよし》に絡みつき、足利義輝に絡みつき、そして最後は織田信長に絡みつき、戦国の世を巧みに泳ぎきった松永久秀。彼こそは乱世の申し子であった。

▼まさかあの武将がナデシコを好むとは

この松永久秀と、小田原北条氏の基礎を築いた北条早雲《ほうじょうそううん》、さらにもう一人忘れてならないのが美濃の蝮《まむし》こと斎藤道三《さいとうどうさん》。この三人を評して人は「乱世の三大梟雄」と呼ぶ。道三こそは下剋上《げこくじょう》大名の権化ともいうべき人物である。そんな道三が愛用した家紋だが、こちらは前段の松永久秀とは違って意外な植物紋だった。

その紋とは、清楚《せいそ》な女性をイメージさせる花、撫子《なでしこ》を基にした撫子紋である。それも日本に自生するヤマトナデシコではなく、大陸から伝わったカラナデシコ（別名石竹《せきちく》）であった。中国の伝説では、悪魔を宿した岩に弓矢が刺さり、その裂け目から竹のように節のある花が咲いた。そこからその花が石竹と呼ばれたという。

もっとも、この撫子紋はもともと道三が仕えていた斎藤家の紋で、道三自身は自分で考案した「二頭立波紋《にとうたつなみもん》」という紋を主に用いていた。文字どおり、二つの波頭を持つ波を単純化した図柄で、左右非対称のユニークなデザイン。人と違う斬新な発想力から、道三という人の複雑な人間性を感じ取ることができよう。

織田信長の場合、自分の立場に合わせて使う家紋を次々に変えていった珍しい武将だ。最初こそよく知られた「木瓜紋《もっこうもん》」を使っていたが、その後は平氏の代表的な家紋とされる揚羽蝶紋《あげはちょうもん》、信長の時代に広く流通していた銭《ぜに》を基にデザインした永楽通宝紋《えいらくつうほう》、室町幕府最後の将軍・足利義昭《あしかがよしあき》から賜《たまわ》った五三桐紋《ごさんぎりもん》などを順に使っていた。なかでも家紋に銭の図柄を用いたのはいかにも経済政策を重視した信長らしい。

▼家紋を身内づくりの道具に

史上最高の成り上がり、豊臣秀吉《とよとみひでよし》の家紋はどうだろう。秀吉の家紋といえば桐紋《きりもん》で、それも「五三桐紋」と「五七桐紋」がよく知られている。花序《かじょ》（軸上についた複数の花の集団）につく花の数が左から順に三・五・三と並んでいるのが五三桐紋、五・七・五と並んでいるのが五七桐紋である。

桐は中国では鳳凰《ほうおう》が棲《す》む木という伝説があり、日本でも瑞木《ずいぼく》（おめでたい木）と信じられていた。そこから桐紋は、菊紋《きくもん》とともに皇室専用の格式の高い家紋とされ、皇室に対し何らかの貢献があった場合にのみ「恩賞」として下賜《かし》されるものだった。秀吉の場合、五三桐紋は後醍醐《ごだいご》天皇↓足利将軍家↓織田信長を経て、秀吉に与えられたものだ。さらに秀吉は天下を統一して天皇から豊臣姓を下賜された際、同時に桐紋では最上位とされている五七桐紋を用いることを許されている。

秀吉のユニークなのは、天皇から頂戴したこうした桐紋を自分の家来に惜しげもなく与えたことだ。秀吉は自分の名前の「豊臣」や「秀」の字を手当たり次第に家来に与えているが、家紋までも乱発していたのである。これは、自分が卑賤《ひせん》の出身だけに頼りになる親族が少ないため、こうした自分の名前や家紋を与えることで身内意識を持ってもらいたいと願ったからにほかならない。

しかしそのうち秀吉は、あまりに与えすぎて桐紋のありがたみが薄れたことを懸念したらしく、独自に自分だけが使用できる「太閤桐《たいこうぎり》」という紋まで生み出している。

▼生きる希望を与えてくれた花に感謝

秀吉の懐刀として活躍し、のちに筑前《ちくぜん》国福岡藩祖となる黒田官兵衛孝高《くろだかんべえよしたか》（如水《じょすい》）の場合はちょっと泣かせる。官兵衛は主に「藤巴《ふじどもえ》」という紋を用いていた。これは官兵衛が、伊丹《いたみ》で悲惨な土牢《つちろう》生活を余儀なくされたことと無縁ではない。

荒木村重《あらきむらしげ》が織田信長に逆らって居城伊丹城（有岡城とも）に籠城《ろうじょう》した際、村重を説得するため村重とは旧知の間柄だった官兵衛が伊丹に派遣された。このとき官兵衛は捕らえられ、満足に日も差さないじめじめとした土牢に閉じ込められてしまう。その土牢生活がなんと丸一年間も続いたのである。ともすれば挫《くじ》けそうになる気持ちを慰《なぐさ》めてくれたのが、牢からかいま見える藤の花だった。のちに救出された際、生きる希望を与えてくれた藤の花に感謝し、家紋にすることを決めたのだという。

戦国武将の中でも智将として名高い真田信繁《さなだのぶしげ》（幸村《ゆきむら》）は、渡り鳥の雁《かり》を題材にした「結び雁金紋《かりがねもん》」をよく用いていた。中国で昔、北方民族の匈奴《きょうど》に使者として派遣された蘇武《そぶ》という男がそのまま捕らえられ幽閉されてしまった。蘇武は雁の足に文《ふみ》を結び、祖国に音信を伝えたという故事があり、そこから「よい知らせを運ぶ」を意味するこの家紋が生まれたという。

また、雁は群れで飛ぶところから、結束や絆《きずな》を意味する紋ともされ、戦国期、無類の結束の強さを誇った真田一族にふさわしい家紋といえよう。

江戸の「大名屋敷」が担っていた本当の役割

▼江戸の土地の七割を武家地が占める

参勤交代で地方から江戸に出てきた勤番侍たちの非番の日の娯楽といえば、江戸の名所めぐりだった。特に、小遣いもそれほど潤沢でない下級武士にとっては、『武鑑』（大名や幕府役人の氏名・石高《こくだか》・俸給・家紋などを記した年鑑形式の紳士録）や切絵図（地図）を懐にして、他藩の屋敷をブラブラと見て回ることがなによりの楽しみだったという。ときには表門の位置を間違え、二、三十分もかけて敷地の塀をグルリと回ってようやく探し当てるということもあったらしい。

二、三十分もかけて歩かなければ裏門から表門にたどり着けないとは、なんて大きな屋敷だろうと思うが、この時代の大名屋敷ならけっして珍しいことではない。このころの江戸の土地は大きく三つに分かれていて、町人が住む町人地と寺社地が一五パーセントずつ、残りの七〇パーセントは武家地だった。人口比では一〇パーセントにも満たない武家が、大きな顔をして大きな屋敷に住んでいられたのもこれでうなずけよう。

武家の屋敷といっても、上は大名屋敷から下は下級の御家人が住む簡素な組屋敷までいろいろあるが、本稿では大名屋敷について語ってみたい。そもそも大名屋敷がなぜ江戸に集中していて、どんな役割を担っていたのか、屋敷の中はどんな間取りになっていたのか、最大の広さの大名屋敷にはどこの殿さまが住んでいたのか……など大名屋敷にまつわる様々な謎に迫った。

▼明暦の大火がきっかけに

江戸時代、幕府は諸大名に対し参勤交代という義務を課した。参勤交代とは、「原則として隔年交代に石高に応じた人数を率いて出府し、江戸屋敷に居住して将軍の統帥《とうすい》下に入る制度」（『広辞苑』第七版より）である。

大名が江戸を離れて帰国する場合でも正室と世継ぎは江戸に常住しなければならない決まりだった。つまり人質である。これは、国元で幕府に対し謀反《むほん》を起こそうなどという気持ちを諸大名に起こさせないためであった。もう一つ、国元と江戸とを往復する旅費は莫大なもので、これによって各藩の財政をひっ迫させ、いよいよ幕府に対する反乱の気持ちをそぐ狙いがあったと言われている。

それはさておき、諸大名が江戸で暮らす間の臨時の住まいとして、幕府が江戸城の近くに屋敷用地を与えたのが大名屋敷の嚆矢《こうし》とされている。当初は、よほどの雄藩でない限り、土地は一カ所しか与えられなかったが、明暦の大火（一六五七年）がきっかけで大名屋敷を取り巻く環境が様変わりした。

大規模火災を想定して火除《よ》けのための空き地や広小路を市中に設ける必要が生まれ、その計画に沿って大名屋敷は郊外への移転が行われたのである。同時に複数の屋敷を持つことも認められるようになった。これが、上《かみ》屋敷・中《なか》屋敷・下《しも》屋敷の始まりだった。

これら上中下三つの屋敷は幕府から土地が無償で提供され、建物は藩ごとに自前で用意した。土地がタダでもらえたことから、江戸で武家地が拡大していく要因となった。

▼中屋敷には隠居した先代藩主が住む

上中下三つの屋敷のそれぞれの役割だが、上屋敷は江戸城の近くに設けられた。政務のための施設であり、藩主とその家族、さらに家臣たちの住まいでもあった。一般的な間取りだが、建物の中央部に藩主一家が居住し、周囲に執務室や大広間、応接間、小姓《こしょう》部屋、台所、風呂場などが配置され、さらにその建物の周りを藩主が国元から連れてきた家来たちが生活する長屋がぐるりと取り囲んでいた。

江戸城の近くということでそれほど広い敷地は与えられなかったが、それでも元文三年（一七三八年）の規定では、五〜六万石で五千坪、十〜十五万石で七千坪――などとある。例外も認められ、百万石の加賀藩の上屋敷（文京区本郷＝現在の東京大学のあたり）などは十万坪を超えていたというから、すごい。

次は中屋敷。上屋敷が火災で焼失した場合などを想定し、控えや避難所の役割を担っていた。そのため上屋敷よりも江戸城から遠い場所に設けられるのが慣例だった。しかし、実際には隠居した先代藩主や次期藩主、藩主の側室（お妾《めかけ》さん）などが住み、上屋敷同様、周囲には家来たちの長屋もあった。また、いずれの藩も中屋敷は上屋敷に比べて小さくつくるのが普通だった。加賀藩の中屋敷（文京区駒込）も、約二万坪（東京ドームの約一・四倍）と、ぐっと小さく（？）なっていた。

▼敷地内に小田原宿をそっくり再現？

最後の下屋敷だが、こちらは藩主の別荘の位置づけで、静養や接待に利用された。江戸の郊外の広大な土地に設けられることが慣例で、それぞれ台所事情にあわせて設計し、裕福な藩であれば庭園などに思いっきり贅《ぜい》を尽くした。さらに国元から送られてくる米や各種物資を貯蔵する蔵があり、上屋敷や中屋敷に新鮮な野菜を届けるために菜園を設けているところも多かった。

現在の新宿区戸山にあった、御三家のうちの尾張藩の下屋敷（通称「戸山荘」）などは、まさに「江戸のテーマパーク」だった。広さが十三万坪もあり、中央部には二万坪もの巨大な泉水や、その池を掘ったときに出た土で作った高さ二十メートルほどの築山《つきやま》まであった。この築山に登ると、江戸市中が見渡せたという。

敷地内には百を超える茶亭が点在していたほか、さらに驚くのは東海道の小田原宿をモデルにした宿場町が原寸大でそっくり再現された通り（「御町屋通り《おまちや》」と命名）まであったことだ。

通りには米屋や菓子屋、瀬戸物屋など三十七軒もの店が立ち並び、実際にウィンドーショッピングを楽しめる趣向だった。招待された人たちはきっと大いに楽しんだに違いない。

この尾張藩の下屋敷もかなり広いが、やはり広さではこれまで再三出てきた加賀藩にはかなわない。

▼せっかくつくったのに素通りとは…

現在の板橋区の板橋三、四丁目と加賀一、二丁目一帯がそっくり加賀藩の下屋敷だったところで、総面積はなんと二十二万坪。東京ドーム十五・五個分もあった。広大な敷地内には石神井川《しゃくじい》が流れ、その水流を利用して池泉回遊式《ちせんかいゆうしき》庭園がしつらえられていた。そこで舟を浮かべて園遊会を楽しんだという記録もある。また、花火や鷹《たか》狩りが行われたこともあったという。

これほど贅を尽くした下屋敷だったが、藩主が訪れることはほとんどなかった。

もともと、参勤交代で中山道を通る際の行き帰りに藩主に休息してもらうために設けられたようなものだったが、加賀藩中興の英主と称され、約八十年間も藩主の座にあった前田綱紀《つなのり》でさえ、その長い生涯に参勤交代で六十回も往復しておきながら、下屋敷で休息したのは二、三回しかなかった。板橋と、中屋敷がある駒込とは大した距離がなく、参勤交代の際は中屋敷に立ち寄るのが恒例だったという。

普段この下屋敷は、一人の士分が常駐するだけであとの約五十人はすべて足軽だった。どんなにだだっ広くても、維持管理だけなのでそれで十分だったのだろう。

第5章

裏のウラ側から歴史を推理する新視点

日本人は歴史上、本当に「肉食」を遠ざけてきたのだろうか

▼江戸時代の人たちが最も低身長

肉食を遠ざける菜食主義者をベジタリアンと呼ぶが、近年は「完全菜食主義者」を意味するヴィーガンという文字・言葉をよく見たり聞いたりするようになった。ベジタリアンは卵と牛乳を摂取できるのに対し、ヴィーガンとは肉類はもちろんのこと、これら卵、乳、蜂蜜などの動物性食品を一切口にしない人たちを指す。特に宗教をはじめ、動物愛護や自然保護の観点から外国人に多く、東京などではそうしたヴィーガン向けのレストランやカフェが増えつつあるという。

ところで、日本人は江戸時代などで肉食が禁止されていたのをご存じのはず。そ

もそも縄文人や弥生人など古代の日本人は肉食を禁止しておらず、そのためか日本人の時代ごとの骨格を調査すると、動物性たんぱく質をほとんど摂取しなかった江戸時代が最も低身長だという。

一体、日本人に肉食を禁止したのは、いつ誰が何のためにやったことなのだろうか。本稿ではそのあたりの謎を解きながら、それでもやっぱり肉を食べたかった人たちの涙ぐましい努力について語ってみたいと思う。

▼神道の「穢れ」思想と結びつく

わが国で最初に肉食を禁止する詔勅《しょうちょく》を発したのは、飛鳥時代の天武《てんむ》天皇だとされている。天武天皇四年（六七五年）四月のことである。それは「牛・馬・犬・猿・鶏の肉を食べてはいけない」というものだった。このころ大陸から仏教が伝来して百年あまりたっていた。仏教の保護者であった天武天皇が、仏教では十悪の一つに数えられている「殺生《せっしょう》」を嫌ったためと言われている。

逆にいえば、この禁令から、仏教が普及するまでの日本人は牛馬の肉を食べていたことがわかるのである。しかし、なぜかこのときの禁令に同じ四つ足でも狩猟でとった鹿《しか》や猪《いのしし》が含まれていなかったのが不思議だった。

その後も代々の天皇は熱心な仏教信者であったため、殺生や肉食に関する禁止令がたびたび出されている。そのうち神道の「穢《けが》れ」思想と結びつき、いよいよ獣肉は敬遠されるようになる。人々は代わって鳥や魚を食べるようになり、魚の値段が一時的に高騰することもあったという。

また、こんなこともあった。古代中国には「馬肉には毒があり、もしも食べてしまったなら酒か薬を飲まなければ死ぬ」という言い伝えがあり、それが日本に伝わり、拡大解釈されて「馬肉＝《イコール》毒」となってしまった。

その言い伝えを信じたらしく、検非違使《けびいし》の妻に乱暴を働いた男に刑罰として馬肉を食べさせたことがあったという。つまり「馬肉の刑」である。これは平安時代後期の公家の日記『小右記《しょうゆうき》』に記載されている逸話である。

▼獣肉食禁忌のピークは元禄時代

しかし、そうした獣肉食禁止の戒《いまし》めをまじめに守ったのは仏教に帰依《きえ》する貴族階級が中心で、平安時代を通じて庶民の多くは狩猟で得た様々な鳥獣を食べていたことがわかっている。

平安時代も末期となり武士が台頭してくると、いったんは肉食が復活しかける。ところが鎌倉政権が始まり、北条政子の指示によって諸国に狩猟禁止令が発布されると、武士・庶民を問わず殺生と獣肉食習慣の排除が強まっていった。

そして戦国時代。このころの獣肉は滋養食や病気を治す薬としての扱いを受けていたようで（「薬喰《くすりぐ》い」と称した）、一部の人たちの間でひそかに食べられていた。戦国末期に日本を訪れていた宣教師ルイス・フロイスは、「日本人は、野犬や鶴、大猿、猫、生の海藻などを好む。彼らは牛を食べず、家庭薬として犬を食べることもある」と記している。犬や猫、猿を好んで食べたというのは本当だろうか。牛を食べなかったのは、牛はあくまで農耕用と見ていたからであろう。

その後、江戸時代に入り、一七世紀後半の元禄時代になると日本人の間で獣肉食を禁忌《きんき》する風潮がピークを迎える。そう、五代将軍徳川綱吉《つなよし》が発布した「生類憐《しょうるいあわ》れみの令」の影響である。

しかし、この法令は将軍家の御膝元ということで江戸ではかなり厳格に守られたが、いったん地方に出ればあまり徹底されておらず、薬喰いも一部の人たちの間で続けられていたようである。

▼文化・文政期に店が急増

このように江戸時代を通じて、薬喰いという例外を除き、一般的には獣肉を食べる習慣はなかった。しかし、それでもやっぱり肉を食べたいという人たちがいたことは確かである。

将軍家でさえも、綱吉のような一部の例外を除き、四つ足はいけなかったが、鳥肉（鶴、雁《がん》、鴨《かも》に限る）は食べていた。もっとも、肉を蒸したり茹《ゆ》でたりして下処理するため、あぶらがすっかり抜けてしまい、少しもおいしくなかったらしい。まさに落語の「目黒のさんま」そのままである。

さらに、彦根藩では牛肉を味噌漬けにしたものを「反本丸《へんぽんがん》」と名付け、薬と称して販売していた。その命名の強引さには笑ってしまうが、彦根藩ではこれを将軍家や親しい大名家に毎年献上していた。生涯に五十三人もの子を成したとされる絶倫将軍こと十一代徳川家斉《いえなり》はこの反本丸が届くのをいつも楽しみにしていたという。

上がこうだから、庶民の薬喰いに関して、規制がかなり緩かったのは事実である。

享保《きょうほう》年間（一七一六〜三六年）にはすでに江戸で獣肉（主に猪と鹿の肉）を販売したり鍋物や吸い物にして食べさせたりする店が登場しており、そうした店は「ももんじ屋」と呼ばれた。

特に江戸文化が花開いた文化・文政期（一八〇四〜三一年）に市中でももんじ屋が急増し、天保三年（一八三二年）に出された『江戸繁昌記』には、「今や店は数えきれない」と記されるほどであった。

▼大名行列も避けて通る

そうはいっても、一般にはまだ獣肉食に対する偏見があり、猪肉や鹿肉をストレートにそのまま呼ぶのをはばかり、見た目から猪肉を「ぼたん」または「山くじら」、鹿肉を「もみじ」、馬肉を「さくら」などと隠語で呼んだ。また、同じ『江戸繁昌記』に、大名行列が麹町にあったももんじ屋の前を通るのを嫌がったという話も紹介されている。

このころの江戸川柳にも、

お袋の留守に紅葉《もみじ》を煮てくらひ

と、あるように江戸の後半になっても一般にはまだ獣肉食はタブー視されていた。

一般の人がそのおいしさに気づき、獣肉を好んで食べるようになるのは幕末に、牛鍋(今日のすき焼きに似た鍋料理)を食べさせる店が登場してからである。

やがて明治維新となり、牛鍋は文明開化の象徴的な食べ物となった。このころ福沢諭吉や仮名垣魯文《かながきろぶん》などの文化人も盛んに肉食をすすめており、魯文などは明治四年(一八七一年)に著した滑稽《こっけい》小説『安愚楽鍋《あぐらなべ》』の中で「牛肉食《くう》はねば開化不進《ひらけぬ》奴《やつ》」とまで言いきるほどであった。

こうして飛鳥時代から続く永い禁忌の歴史を経て肉食は日本人の食生活にようやく定着することになるのであった。

そもそも「切腹」はいつ、どのようにはじまったのか

▼謝罪の気持ちを表す最上位の行為

「切腹最中《せっぷくもなか》」という名前のもなかを販売する和菓子店が東京・新橋にある。一九九〇年に発売し、そのネーミングのユニークさからマスコミでさかんに取り上げられ、一時はサラリーマン中心に日に七千個も売れたという（現在は三千～五千個で推移）。普通のもなかと違うのは、あんこの量の多さ。あんこが多すぎて皮からはみ出しているのだ。その見た目から名付けたものという。

同店が、忠臣蔵の「赤穂事件」において浅野内匠頭《たくみのかみ》が切腹した田村屋敷跡地にあるところから、店主が思いついたアイデア和菓子。仕事で何か不始末をしでかした

サラリーマン諸氏が、相手方に出向いてお詫びの言葉とともにこのもなかを「どうかひとつ、これでご勘弁を…」と差し出すのだという。「今の自分の気持ちは切腹したいくらい反省しています」という思いをそのもなかに託すのである。すると、もらった相手は思わず噴き出してしまい、どんな不始末でも許されること請け合いとか。

このように、日本人にとって「切腹」とは、謝罪の気持ちを表す際の最上位の行為とみなされているようである。しかし、切腹というこの日本独自の習俗の起源や歴史をたどってみると、時代ごとに意味が少しずつ変わってきていることに気づかされる。それは一体どういうことだろうか。

▼人間、腹を切ったくらいで簡単に死なない？

日本史上、最初に切腹した人は誰だろうか。記録にあるのは、平安時代中期の貴族にして大盗賊の藤原保輔《ふじわらのやすすけ》という人物で、保輔は逮捕される際、自らの腹を切り裂いて腸を引きずり出し壮絶な最期を遂げたという。

その後、武士が登場する時代となり、源平時代最強と称された源為朝《みなもとのためとも》（鎮西《ちんぜい》八郎）が武士では切腹の嚆矢《こうし》とされている。為朝は伊豆大島で工藤茂光《くどうしげみつ》の追討軍に攻められ、南無阿弥陀仏を唱えながら立ったまま割腹したと伝わる。

しかし、為朝のようなケースは珍しく、平安時代後期から鎌倉時代にかけての戦場における武士の自決方法を見てみると、切腹はけっして多くない。刀を口にくわえたまま馬上から真っ逆様に飛び降りたり、刀で自分の首を刎《は》ねたり、あるいは海戦であれば鎧《よろい》を重ね着して海へ飛び込んだりといったケースがほとんどだった。

それはそうだろう。自害するなら切腹よりこうした方法を選んだほうが、はるかに痛みを長く感じなくてすむ。腹部には太い血管が通っていないため、人間、腹を切ったくらいではなかなか死なない。腹を切って絶命するまで一昼夜を要したというケースはザラにある。その間、ずっと痛みに悶《もだ》え苦しまなくてはならず、まさに地獄だった。そこで武士の情けとして、腹を切ると同時に第三者が首を打つ「介《かい》錯《しゃく》」というならわしが生まれたのである。

▼北条一族八百人、寺に籠もって切腹

平安時代後期から鎌倉時代にかけて武士の自決方法に切腹は少なかったと述べた

が、その半面、切腹は必要以上の痛みに耐えなくてはならないため、切腹＝《イコール》勇気のある武士の最期、という認識が当時の武士にあったことは確かである。したがって、自らの武威《ぶい》を誇示するため、あえて切腹を選択する場合もあった。

たとえば、鎌倉幕府が滅んだ「元弘《げんこう》の乱」において、北条氏の一族郎党八百人余りが、北条氏の菩提寺《ぼだいじ》の鎌倉・東勝寺《とうしょうじ》に籠もり、切腹して果てている。彼らは死に臨《のぞ》んで、「われらは武運つたなく死んでいくが、けっしてお前たち（討幕軍）を怖れてはいない。見よ、わが一族はこれほど勇敢だったのだ」と、役者が舞台上で大見得でもきるような気持ちで切腹したのではないだろうか。

このように武士の意気地を示す行為だった切腹が、戦国時代も後半になると、その認識に変化が生まれる。それには羽柴《はしば》（豊臣《とよとみ》）秀吉《ひでよし》の存在が大きくかかわっていた。

秀吉は主君織田信長《おだのぶなが》から中国地方の攻略を命じられた際、城に籠もる敵の大将が腹を切るように極力仕向けた。「城内の兵や一族郎党は助けてやろう。その代わり城主には自決してもらう」と交換条件を突きつけたのである。秀吉は信長と違ってなるべくなら血を見たくなかったというのもあるが、城を力攻めで落とそうとしても、窮鼠猫《きゅうそ》を咬《か》むのたとえで味方の損害が大きくなるばかりだと冷静に判断し、こうした方法を選んだのである。

▼家臣五千人の命と引き替えに切腹

秀吉一流の和睦《わぼく》作戦によって落とされた毛利《もうり》方の城は、別所長治《べっしょながはる》の播磨《はりま》三木城、吉川経家《きっかわつねいえ》の鳥取城、清水宗治《しみずむねはる》の備中《びっちゅう》高松城などがある。なかでも、先述したようにそれまでの切腹の認識を変えるきっかけとなったのが、備中高松城攻めであった。

備中高松城の地形を考慮して水攻めという途方もない作戦を実行中だった秀吉は、主君信長が本能寺で襲撃されたという飛報に接し、愕然《がくぜん》とする。一刻も早く陣を払って京都に駆けつけたい秀吉は、城に籠もる清水宗治に使者を派遣し、宗治の切腹を交換条件に家臣五千人の助命を約束する。

秀吉の腹の内も知らずその条件を受け容《い》れることにした宗治。四方が湖と化した城の外に櫓《ろ》の音を軋《きし》ませながら小舟で現れると、舟の上で能を一差し舞ったのち、淡々と切腹して果てた。そのあまりに見事な宗治の最期を、城を取り囲んだ秀吉軍や城内の宗治の家来たち、さらに救援に駆けつけたがなにもできずに手をこまねいていた毛利軍らは、この世のものならざる幽玄の世界にでも迷い込んだかのようにただ黙って見守ったという。

このときの家来を救うために己を犠牲にした宗治の潔い態度を「天晴《あっぱれ》、武士の鑑である」と秀吉がほめそやしたことから、それまで武士の意気地を示す行為でしかなかった切腹が、この合戦以降、武士にとっての名誉な行為であるというふうに認識が変化していくのである。

▼江戸時代にマニュアル化が進む

この戦国末期から江戸時代にかけて、切腹は罪を犯した武士の処刑に採用されるようになる。斬首ではなく「切腹を許す」と言われることは本人と一族の名誉がそれによって守られたことを意味した。

しかし、江戸時代に入ると次第に切腹は名ばかりとなり、形式化が進んだ。必ず介錯人がつき、切腹する本人が三方に載せられた短刀（または木刀）を手にしたタイミングで、介錯人が首を打ち落とすようになる。赤穂事件の浅野内匠頭のケースもそうだった。これは立会人たちが、腹を切って血を流しながら苦しむ光景はいかにも見苦しく正視に絶えないと思うようになったからである。

江戸幕府が始まって約百年後に起こったこの赤穂事件のころには、武家社会において「切腹マニュアル」のようなものが出来上がっていた。当日の準備や服装、短刀の寸法（九寸五分）、切腹の所作、介錯の作法など一連の流れが細かく決まっていたという。

幕末・明治維新期には、新選組の近藤勇《こんどういさみ》が新政府軍に捕らえられ、斬首刑に処されている。晩年の近藤はれっきとした幕臣になっていたので、普通なら切腹を命じられるはずであったが、軍の中に京都時代の近藤に恨《うら》みを持つ者がいて、あえて恥辱を与えるために農民として処刑することにしたのである。この時代になってもなお、「切腹は武士の特権」という不文律が生きていたことになる。

▼腹の中に魂が宿っている？

そもそも、なぜ腹を切るのだろうか。頸動脈を刎ねたり心臓を一突きしたりしたほうが、はるかに簡単に、痛みを長く感じることもなく死ねるはずなのに、である。

これについては昔から歴史家や文化人類学者などから様々な説が出ている。そうした説のなかで最も有力視されているのが、新渡戸稲造《にとべいなぞう》が唱えた「特に身体のこの部分を選んで切るのは、これを以《もつ》て霊魂と愛情との宿るところとなす古き解剖学的信念に基づくのである」（著書『武士道』から）という説である。

日本には「腹黒いやつだ」とか「腹を割って話し合う」とか、「腹」にまつわるたとえや言い回しが少なくない。これは新渡戸稲造が言うように日本人には昔から腹の中に魂が宿っているという思想があるためで、その思想に基づき真心や潔白を示す究極の方法として腹の中を見せる――切腹という行為につながったのだろう。

まあ、切腹という言葉が死語になりつつあり、和菓子の名前に利用されるくらい平和なこの時代に生まれたことをわたしたちは素直に感謝したいものである。

日本人が「白米」を食べるようになるまでの経緯とは？

▼江戸っ子だけが白ご飯を食べていた？

米を主食にする国々の中でも、日本人ほど品種や炊き方にこだわる人々も少ないと言われている。わたしたちが普段食べるうるち米だけでも、のべ四百四十品種以上が登録（平成二十九年度）されているというから驚く。

最近は健康面を考えて白米に玄米や雑穀を混ぜて炊く家庭も増えているが、やはり食べておいしいのは白米だけで炊いたご飯、すなわち白ご飯だ。炊きたての白ご飯に味噌汁とぬか漬けの一品でもあればあとは何もいらない、という人も少なくない。

そんな日本人になじみ深い白ご飯だが、一体いつごろから食べられているのか調べてみると、意外なことがわかった。実は一部の大都市圏を除き、常食するようになったのは明治時代に入ってからなのだ。

たとえば江戸時代、江戸に住む人たちに限っては長屋暮らしの八っつあん熊さんたちでも日に三度、白ご飯を食べていたが、一歩江戸の郊外に出ると、米農家であっても作った米の大半が年貢として取られてしまうため、白ご飯を食べることができたのは祭礼の日などに限られた。まさに「ハレ」の日のご馳走だったのである。

したがって大方の日本人は白米を常食するようになってまだ百数十年しかたっていないのだ。本稿ではそんな白米食の歴史と、なぜ江戸っ子だけが白ご飯を食べることができたのか、そしてそれによって生まれた「江戸患《わずら》い」と呼ばれた白米食の弊害についても語ってみたい。

▼室町時代になり米の生産量が増大する

玄米を精米して食べるようになったのは奈良時代のことらしい。精米によってビタミンB_1という栄養を含んだ胚芽《はいが》部分やぬか層を捨ててしまうことになるのだが、もちろんそんな知識は当時の人たちにはない。胚芽やぬか層が残っていると、たんに食べたときに味や食感、消化も悪くなるからそうしただけのことである。

しかし、この精米作業はなにぶん重労働なので、庶民は玄米を軽く精米したものを蒸して食べる「強飯《こわいい》」を長く常食してきた。白米は貴族など一部の特権階級に限られていたらしい。

室町時代に入ると農業技術の進歩や新田開発もあって、全国的に米の生産量が増大する。しかし、庶民が日常的に白米を食べるまでにはまだ至っていない。それが少しずつ改善してきたのは江戸時代になり、世の中が安定して米の生産量が一段と増大するようになってからである。

中国から足踏み式精米が伝わり、精米作業が大幅に省力化されたことも大きかった。それまでは餅をつくように臼《うす》と杵《きね》で精米していたのだが、これは大変な重労働であった。

その点、シーソー式の足踏み精米なら労力は半減するうえ従来より大量の玄米を短時間で精米できた。さらに江戸も中期になると、水車を動力にして精米する技術が広がり、精米がより簡単に、より大量にできるようになったのである。

こうして精米された白米は、大消費地である江戸にどんどん流れ込んだ。

▼白ご飯ばかり食べていると…

江戸っ子は元来が見栄っ張りである。おかずを削ってでも白ご飯を食べることを好んだ。水道で産湯《うぶゆ》をつかったことと、日に三度白ご飯を食べられることが、何よりの自慢だったという。

これは江戸が急造都市で肉体労働者が多かったことと無縁ではないだろう。日々、肉体労働に汗を流すと、どうしても塩気の多いおかずが欲しくなり、そうしたおかずには分づき米で炊いたご飯よりも断然白米で炊いたご飯のほうが相性は良かった。

もう一つ、江戸っ子に白ご飯が好まれた理由に、当時の食習慣が関係していた。当時の家庭はどこでも炊飯は朝一回きりで、昼も夜も朝炊いた残りを食べた。そうなると玄米に近い分づき米だと、夜ともなればご飯がプーンと不快なにおいを放つようになる。夏場なら尚更だ。それが嫌で極力白米を選んだわけである。

ところが、大好きな白米を買うと、それほど稼ぎがあるわけではないので、おかずを買うまでの余裕はない。そこで自然、ご飯だけをたくさん食べることになる。

その結果、ビタミンB_1不足が原因で中枢《ちゅうすう》神経が侵されて足元がふらついたり倦怠《けんたい》感や心不全、いらいらなど様々な脚気《かっけ》症状を招いてしまった。この病気は参勤交代で江戸に暮らす勤番侍に多かったことから「江戸患い」とも呼ばれた。

▼三日坊主の本来の意味とは…

日本史上、脚気が原因で亡くなったと思われる有名人は少なくない。徳川将軍家などは三代家光《いえみつ》、五代綱吉《つなよし》、十三代家定《いえさだ》、十四代家茂《いえもち》とまさにオンパレードである。なかでも十四代家茂の場合は特にかわいそうだった。家茂は二十歳かそこらで長州征討《せいとう》のさなかに病死するのだが、相思相愛だった夫人の皇女和宮《かずのみや》もその後三十二歳の若さで亡くなっている。夫婦そろって脚気が原因とみられている。

近年の研究では、豊臣秀吉《とよとみひでよし》も脚気で亡くなったとする説が有力視されている。晩年の秀吉が悩まされていた、下痢や失禁、精神錯乱などはまさにビタミンB_1不足によるものだという。してみると、秀吉が晩年になって甥《おい》の秀次《ひでつぐ》に切腹を命じたり、朝鮮出兵を言い出したりしたことも、脚気のせいだったと考えると、少しは同情したくなるのだが、これは筆者だけだろうか。

この脚気は、いったん患うと数日で亡くなることも珍しくなかった。飽きやすく何をしても長続きしない人のことを嘲《あざけ》って「三日坊主」というたとえがあるが、この言葉は本来、脚気を患ってたった三日で亡くなってしまい、坊主（僧侶）を手配しなければならなくなった、という意味だとも言われている。真偽は定かでないが、それほど江戸の人々にとっては怖い病気だったということである。

▼江戸っ子のそば好きには理由があった

脚気が江戸患いとも言われ、勤番侍に罹患《りかん》する者が多かったことはすでに述べた。これは、国元では滅多に食べられない白ご飯が江戸ではいくらでも食べられることに感激し、在府中に白ご飯ばかり食べ続けたからである。

したがって、国元に戻っていつもどおりの玄米に近い分づき米に雑穀や大根などを混ぜて炊いたご飯（「かてめし」という）を食べていると、いつのまにか体調不良がケロッと治ってしまった。このことから「贅沢病《ぜいたくやまい》」と言われたりもしたという。

こうしたことを江戸時代の人々は体験的に知っていたのである。とりわけ江戸っ子たちにぬか漬けやそばが好まれたが、ぬかは精米時に玄米から取り除いたものだし、そばも現代ではビタミンB_1をたっぷり含んでいることがわかっている。こうした食べ物から、精米で捨ててしまったビタミンB_1を無意識のうちに補っていたわけである。

この脚気という厄介な病気は、江戸時代が終わって、明治、大正時代になっても日本人を悩ませ続けた。特に明治から大正時代にかけては江戸時代よりもはるかに多くの患者を出し続けたとみられており、肺結核と並んで二大国民病とも言われた。脚気による死亡者数がピークとなった大正十二年にはなんと二万六千七百九十六人もの人々が一年間に亡くなっていた。

▼陸軍と海軍ではっきり差が出る

明治・大正期に脚気が蔓延《まんえん》した大きな理由は、「軍隊」にあった。明治の世となり、政府は西欧列強に追いつくため「富国強兵」と「殖産興業」をスローガンに掲げたことはご存じのとおり。特に富国強兵策として明治六年に「徴兵令」を公布し、全国の農村から若者を集めた。その際政府は、若者たちに対し軍隊に入れば一日六合の白米を食べさせると約束したのである。

この条件は当時の農村の若者たちにとっては実に魅力的だった。御一新を迎えるまでは年貢年貢で締め付けられ、ほとんど白ご飯を食べられなかっただけに、それが毎日腹いっぱい食べられるとあって農家の次三男坊は喜んで軍隊に飛び込んだ。そして、白ご飯を食べまくった。このことが脚気患者を著《いちじる》しく増やす原因となった。

日清戦争（明治二十七年）では約二十万の兵を動員したが、その二割までが脚気患者だった。これは公式に認定された数字で実数はもっと多いとみられている。しかも、患者の大半は陸軍の兵であった。海軍のほうはビタミンB_1の存在にこそ気づいていなかったものの、偏《かたよ》った栄養摂取が脚気の原因であると考え、早くから兵食改革に乗り出していた。そのことが功を奏したのである。

一方の陸軍は、脚気は伝染病の一種で空気感染によって起こるという東大医学部が唱えた説を頑《かたく》なに支持していて、その後も兵らに与える食事に対しなんら対策を講じなかった。

▼脚気との永い戦いにようやく終止符が

その結果は十年後の日露戦争でもはっきり表れた。戦病死者三万七千二百余人のうち、脚気による死者は実に約七五パーセントに当たる二万七千八百人を数えた（『医海時報』明治四十一年十月）。この数字から逆算すれば脚気にかかった陸軍兵士の総数は三十万人を超えていたとみられている。一方の海軍はこの日露戦争での脚気の罹患者は八十七人で、亡くなったのは三人にとどまっている。

ここにきてさすがの陸軍も兵食改革に着手するかに思われたが、世の中全体が戦勝ムードに浮かれていたこともあり、改革どころか陸軍幹部の責任も一切問われなかった。その責任を負うべき中心的人物に、当時は陸軍省医務局の幹部だった森鷗《もりおう》外《がい》（のちの文豪）がいたことは記憶にとどめておきたい。

その後、明治四十三年になり、農芸化学の鈴《すず》木《き》梅《うめ》太《た》郎《ろう》博士が、ぬかの中からビタミンB1を抽出することに成功する。しかし、鈴木博士は医学者ではなかったため医学界からは何年も黙殺された。これも脚気患者を増やす一因となった。

日本人の永い永い脚気との戦いにようやく終止符が打たれたのは大正時代も末期になってからであった。

「チバニアン」と日本の地球物理学の先駆者を結ぶ接点

▼中期更新世からチバニアンに

二〇二〇年一月中旬、「チバニアン」という言葉が日本のマスコミをにぎわせた。関東の房総半島の中心部、千葉県市原市田淵の養老川沿いに露出した「千葉セクション」と名付けられた地層が、国際地質科学連合（ＩＵＧＳ）によって地質時代を分ける境界を示すものとして「国際境界模式層断面とポイント」（ＧＳＳＰ）に認定され、これにより地質時代の中でこれまで名前がなかった「更新世」を構成する一区分がチバニアン（「千葉時代」を表わす言葉）と命名されたのである。「ジュラ紀」や「白亜紀」など、従来の地質時代名は欧米の地名由来が多く、日本にちなんだものは初めて。

従来の地質年代区分では、約二百五十八万年前〜約一万千七百年前までの期間は更新世と呼ばれるが、これをさらに四つに分けたうち、約七十七万四千年前〜十二万九千年前までの約六十五万年の期間の名前がなく、暫定的に「中期更新世」と呼ばれていた。

この中期更新世がチバニアンという名前に正式に取って代わったわけである。これからは教科書にもこの名前が堂々と載ることになる。

ところで、この千葉セクションは、地球の磁場のN極とS極の南北逆転現象——磁場逆転が起こったことを示す明確な証拠だと言われているのはご存じだろうか。それはどういうことだろうか。磁場逆転現象を世界で初めて証明してみせた日本人地球物理学者の功績とともにそのあたりを語ってみたい。

▼三つのプレートがせめぎ合う

この千葉セクションがある房総半島は地質学者にとって「宝の山」なのだという。それは千葉県の沖合が三つのプレート（岩盤）——すなわち北から北米プレート、南からフィリピン海プレート、さらに東から太平洋プレートがせめぎ合う、ごく珍しい地域だからである。

そのため隆起スピードが非常に速く、千葉セクションも百万年という地質学的にはごく短期間で深海底から地上に出てきたことになる。世界的に見ても、水深一千メートル級で百万年前より新しい時代の地層が地上に出てきている例はほとんどないという。この深さ一千メートルから現れた海底堆積《たいせき》物が、現代のわれわれに地球四十六億年の謎の答えを提示してくれることになった。

それこそが、地磁気の逆転——磁場逆転である。

にわかに信じられないことだが、地球はその永い歴史の中で、何度もN極とS極が逆転していた時期があるという。この磁場逆転の発生は不規則だが、平均すれば数十万年に一回のペースで起きているという。過去三百六十万年に限れば合計十一回起きており、最後の十一回目の証拠を示す地層とされているのが、この千葉セクションなのである。

こうした地磁気の変化は、地層に含まれる磁鉄鉱（磁石の性質を持つ鉱物）の向きの変化でわかるという。この千葉セクションは特に磁鉄鉱の含有量が多く、地層

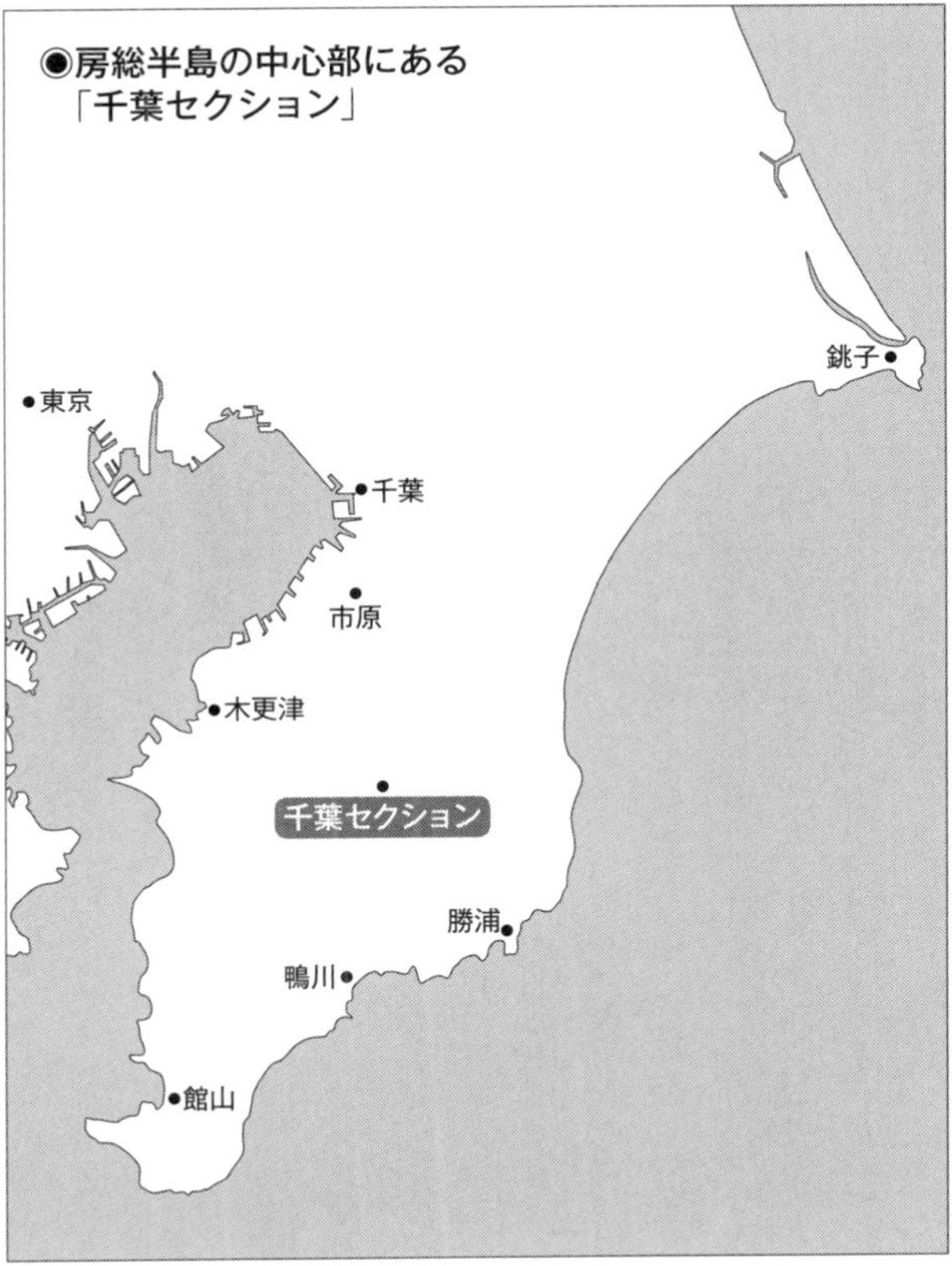

千葉県市原市田淵の養老川沿いに露出した地層。海底に堆積した地層が地殻変動で隆起し、房総半島が地上に出現。さらに養老川の侵食作用で崖となり、目に見えるようになったのがこれである。地殻変動のダイナミズムを体感できる場所だ。

の上部は現代と同じ磁気の向きを示していたのに対し、下部では逆になっていた。このことから、七十七万四千年前に磁場逆転があったことが証明されたわけである。

▼最初に磁場逆転説を唱えたのはフランス人

一体、磁場の逆転現象はなぜ起きるのか。そもそも地球にはなぜ磁場があるのか――。いずれの疑問の答えにも、地殻運動の原因とされる「マントル対流」が大きくかかわっていると考えられているが、詳しいことはわかっていない。しかし、地球の永い歴史の中で何度も磁場逆転があったことは今日では地質学会の定説。そのことを最初に証明してみせたのが、実は一人の日本人地球物理学者だった。

その人こそ、京都帝国大学名誉教授にして山口大学初代学長も務めた松山基範《まつやまもとのり》である。松山は明治十七年（一八八四年）十月二十五日、現在の大分県宇佐市で僧侶の子として生まれた。

京都帝国大学卒業後、米国留学（シカゴ大学）などを経て、大正十一年（一九二二年）、三十八歳で京大教授に就任する。このころから地球の磁場逆転現象について本腰を入れて研究を行うようになった。

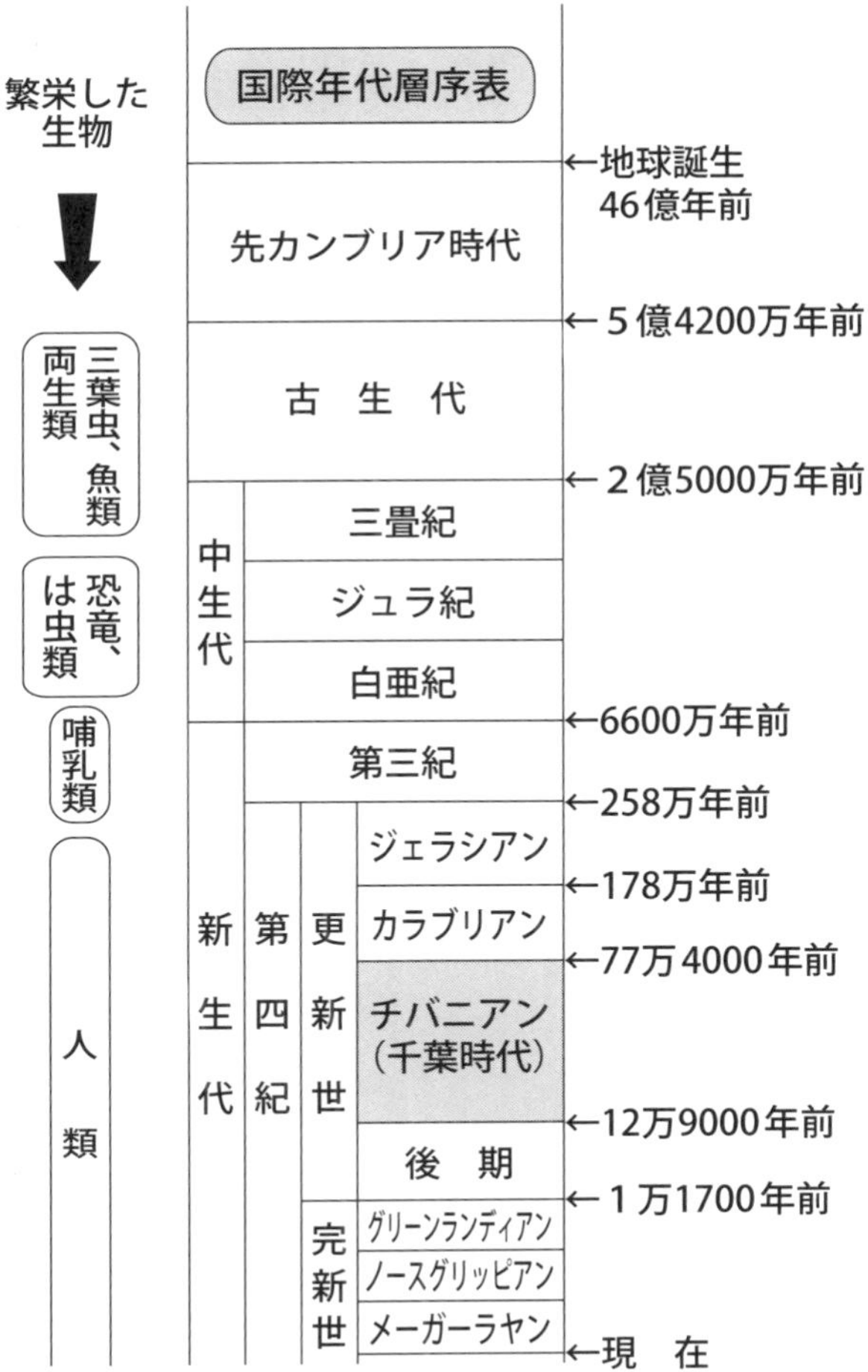
国際年代層序表
繁栄した生物
地球誕生
46億年前
先カンブリア時代
5億4200万年前
三葉虫、魚類
両生類
古生代
2億5000万年前
中生代
三畳紀
ジュラ紀
白亜紀
恐竜、は虫類
6600万年前
哺乳類
新生代
第三紀
258万年前
第四紀
更新世
ジェラシアン
178万年前
カラブリアン
77万4000年前
チバニアン（千葉時代）
12万9000年前
後期
1万1700年前
完新世
グリーンランディアン
ノースグリッピアン
メーガーラヤン
現在
人類

そもそも最初に磁場逆転説を唱えたのは、フランス人のベルナール・ブリュンヌという名の地球物理学者であった。彼は岩石や粘土の磁気の向きが地層によって異なることに気づき、磁場逆転説を論文で発表した。一九〇六年のことである。

この仮説はその後、世界中の学者・研究者を巻き込んで検証が続いたが、昭和四年（一九二九年）になり、松山が兵庫県にある玄武洞や海外（朝鮮や中国）から採取した火山岩の磁気を測定し、地球に磁場逆転があったことを証明して見せたのである。

▼学説を無視、あるいは酷評される

二百五十八万年前～七十七万年前までの間、地球のSとNは今と逆転していたというこのユニーク極まりない学説は最初、当然のごとく世界中の学者から嘲笑をもって、あるいは無視されるというひどい扱いを受ける。特に日本ではそれが激しく、松山は恩師からでさえ、

「君の言うことは地球の重力が下から上に向かっていったようなものだ」

と酷評され、理解されなかったという。

ところが、第二次世界大戦もようやく終息すると、欧米で古地磁気学が急速に発展し、松山の説を裏付ける学説が次々と登場する。これにより松山の評価は一気に高まり、結果的に昭和三十九年（一九六四年）にはこの二百五十八万年前〜七十七万年前までの期間を「松山逆磁極期」と命名することに国際学会で決定する。それは、松山が山口大学学長在職中に亡くなってから六年後のことだった。享年七十四。能楽師としての顔も持ったユニークな学者だった。

それまで欧米の研究者の独壇場であった地球物理学の分野に初めて日本人として風穴をあけた松山の功績は計り知れないものがある。このたびのチバニアンの命名も、本人が泉下で最も喜んでいるに違いない。

■主な参考文献（順不同）

「金印偽造事件『漢委奴国王』のまぼろし」（三浦佑之著／幻冬舎新書）、「BS-TBS　諸説あり！国宝『金印』はニセモノだった!?」、「クビライの挑戦―モンゴル海上帝国への道」（杉山　正明著／朝日選書）、「NHKスペシャル　戦国～激動の世界と日本～」、「廃藩置県近代国家誕生の舞台裏」（勝田政治著／角川ソフィア文庫）、「秩禄処分　明治維新と武家の解体」（落合　弘樹著／講談社学術文庫）、「縄文時代の歴史」（山田康弘著／講談社現代新書）、「大名屋敷『謎』の生活」（安藤優一郎著／PHP文庫）、「百万都市を俯瞰する　江戸の間取り」（安藤優一郎著／彩図社）、「世界一の都市　江戸の繁栄」（渡部昇一著／ワック）、「日本史必携」（吉川弘文館編集部編／吉川弘文館）、「遣唐使」（東野治之著／岩波新書）、「古代日中関係史　倭の五王から遣唐使以降まで」（河上麻由子著／中公新書）、「紀貫之」（藤岡忠美著／講談社学術文庫）、「家康、江戸を建てる」（門井慶喜著／祥伝社文庫）、「江戸の名奉行」（丹野顯著／文春文庫）、「江戸大名廃絶物語」（新人物往来社）、「歴史読本　2014年1月号　特集江戸大名失敗の研究」（KADOKAWA）、「これが本当の『忠臣蔵』―赤穂浪士討ち入り事件の真相」（山本博文著／小学館101新書）、「日本家紋大鑑」（能坂利雄編／新人物往来社）、「ニッポンの肉食」（田中康弘著／ちくまプリマー新書）、「切腹　日本人の責任の取り方」（山本博文著／光文社知恵の森文庫）、「現代語訳　武士道」（新渡戸稲造著、山本博文翻訳／ちくま新書）、「千利休　切腹と晩年の真実」（中村修也著／朝日新書）、「千利休」（村井康彦著／講談社学術文庫）、「脚気と軍隊―陸海軍医団の対立」（荒木肇著／並木書房）、「地磁気逆転と『チバニアン』　地球の磁場は、なぜ逆転するのか」（菅沼悠介著／ブルーバックス）、「日本史の定説を疑う」（本郷和人・井沢元彦著／宝島社新書）、「日本全史」（講談社）、「名将言行録　現代語訳」（講談社学術文庫）、「合戦の日本史」（安田元久監修／主婦と生活社）ほか。

青春文庫

謎《なぞ》と疑問《ぎもん》にズバリ答《こた》える！
日本史《にほんし》の新視点《しんしてん》

2021年1月20日　第1刷

著　者　新晴正《あらたはるまさ》

発行者　小澤源太郎

責任編集　株式会社プライム涌光

発行所　株式会社青春出版社

〒162-0056　東京都新宿区若松町12-1
電話　03-3203-2850（編集部）
　　　03-3207-1916（営業部）
振替番号　00190-7-98602

印刷／中央精版印刷
製本／フォーネット社
ISBN 978-4-413-09770-3

ほんとうのあなたに出逢う ◆ 青春文庫

世界は「経済危機」をどう乗り越えたか

島崎　晋

コロナ禍で停滞する経済。しかし、かつて世界は何度も危機を乗り越えた経験があった。本書は、歴史からヒントを探る一冊。

(SE-764)

会話の「しんどい」がなくなる本

話すのは相手が9割！

ビジネスフレームワーク研究所［編］

無理しないから楽しい！　考え過ぎないから盛り上がる！　今日からはじめる、新しい人間関係の教科書

(SE-765)

ドーナツの穴は何のため？

「かたち」の雑学事典

知的生活追跡班［編］

そのカタチには意味がある！いつも使っているモノや人気商品をカタチという切り口で徹底解剖！

(SE-766)

図説　地図とあらすじでわかる！

聖　書

船本弘毅［監修］

「旧約」と「新約」は何がどう違うのか、イエスが起こした数々の奇跡とは…なるほど、これならよくわかる！

(SE-767)